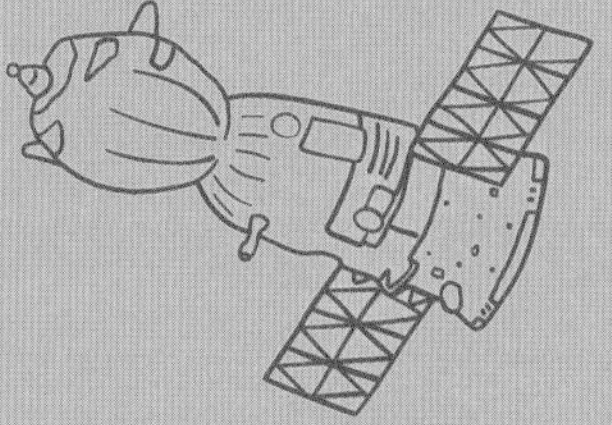

BRITANNICA BOOKS

브리태니커 인포그래픽 백과

하늘과 땅 그리고 바다

기탄출판

머리말

우리 뇌가 세상을 인식하는 방식 중 약 70%를 차지하는 것이 바로 '시각'이라는 사실을 알고 있나요?
또는 익숙한 사물의 사진을 봤을 때 단 13,000분의 1초 만에 무엇인지 알아볼 수 있다는 사실을 알고 있나요?
이것은 눈을 깜빡이는 것보다 8배나 더 빠른 속도랍니다.

여러분도 알고 있겠지만 인간은 '시각'에 크게 의존합니다. 그래서 '인포그래픽'이 중요하지요. 인포그래픽은 그림을 이용하여 정보를 보여 주는 가장 효과적이고 멋진 방법입니다. 《브리태니커 인포그래픽 백과》에 수록된 200여 개의 인포그래픽은 방대한 양의 데이터들을 새롭게 시각화하여 나타낸 것입니다. 이런 인포그래픽들은 정보를 한눈에 파악하게 하며, 때로는 자기도 모르게 '와!' 하고 감탄을 터뜨리게 하기도 합니다.

인포그래픽은 주변에서도 쉽게 찾아볼 수 있습니다. 일반적으로 지도나 차트, 그래프, 타임라인 등이 있지요.
우주 과학자들은 외계 생명체와 소통할 수 있는 가장 간단하고 명확한 방법으로 '인포그래픽'을 선택했습니다.
명판에 새겨진 인포그래픽은 1972년, 목성 탐사선 '파이오니어 10호'에 실려 머나먼 우주로 보내졌습니다.
이 인포그래픽에는 지구에 대한 중요한 정보들과 함께 태양계 그림이 포함되어 있어, 만약 외계 생명체가 발견한다면 파이오니어 10호가 어디에서 왔는지 알 수 있을 것입니다. 하지만 아직까지 외계 생명체에게서 답이 오지는 않았지요….

자, 이제 인포그래픽의 세계를 탐험해 보세요!
여러분에게 이 훌륭한 인포그래픽들을 소개할 수 있어서 매우 행복합니다.

발렌티나 데필리포

앤드루 페티

콘래드 퀼티-하퍼

차례

이 책을 읽는 방법

인포그래픽은 그림을 이용해 정보를 보여 주는 좋은 방법이다. 이 책에 나오는 인포그래픽은 주로 데이터, 즉 수치를 바탕으로 한다. 데이터와 사실을 그림으로 바꾸면 '와!' 하고 놀랄 만큼 쉽게 정보를 이해하고 비교할 수 있다. 책을 읽기 전에 인포그래픽에 대해 알아두어야 할 중요한 사항을 몇 가지 살펴보자.

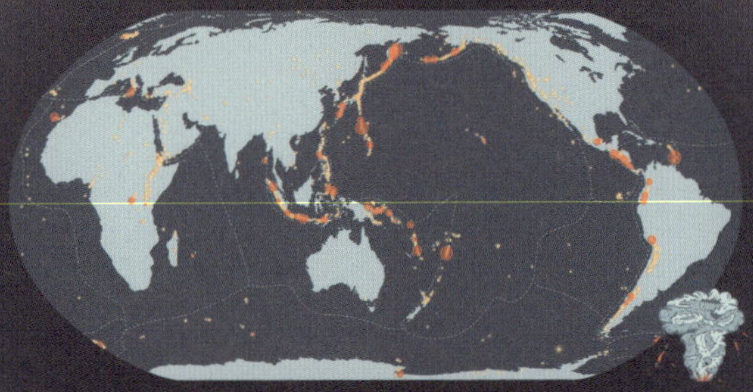

지도 위의 노란색 점과 빨간색 점은 모두 화산 분화를 나타낸다. 점의 크기는 분화의 규모와 비례한다.

수와 측정

인포그래픽은 간단하게, 무엇이 얼마나 있는지를 나타낸다. 또한 그림에 (왼쪽 그림처럼) 개수뿐만 아니라 크기나 온도, 성분 등 많은 정보를 담을 수 있다.

측정값과 눈금

많은 인포그래픽은 높이, 무게, 길이, 속도, 시간, 비율 등의 측정값을 담고 있다. 위나 아래, 옆에 표시된 측정값과 그림에 있는 눈금을 잘 살펴보자. 모든 값에는 미터(m), 연도(년), 킬로미터(km), 퍼센트(%) 같은 측정 단위가 표시되어 있다.

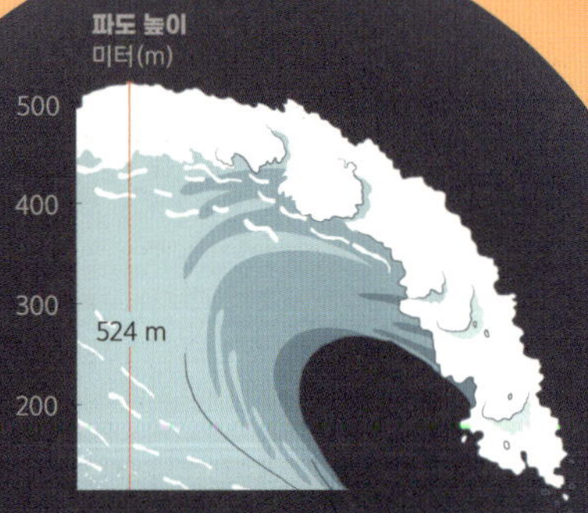

왼쪽의 축을 보면, 이 파도의 높이를 미터 단위로 알 수 있다.

축척: ├──────┤ 100 km

축척

어떤 인포그래픽에는 축척(지도에서 실제 거리를 줄인 정도)이 표시되어 있다. 즉 그림 속 거리나 크기가 실제 값이 아니라 현실에서 훨씬 더 큰 것을 임의로 줄여 나타낸 값이라는 의미이다.

색깔

인포그래픽에서 색깔은 중요한 부분이다. 인포그래픽의 색상별 예를 찾아보자. 서로 다른 색깔로 표현된 국가나 온도 등의 정보를 알 수 있다.

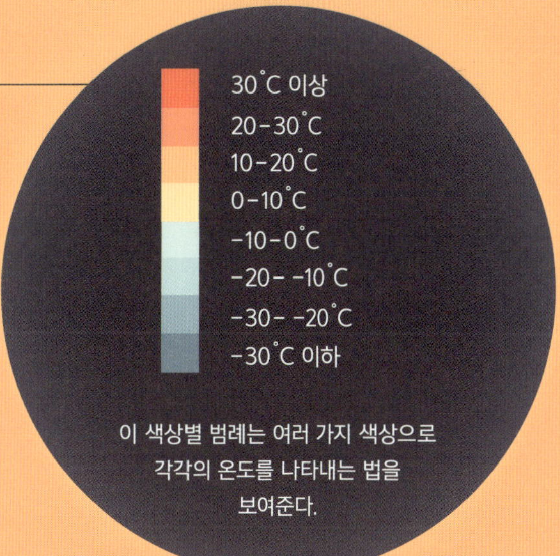

이 색상별 범례는 여러 가지 색상으로 각각의 온도를 나타내는 법을 보여준다.

이 인포그래픽에서는 주요 대상들을 주황색으로 나타내어 깊이를 한눈에 비교할 수 있다.

두 개 이상의 항목을 직접적으로 비교할 때는 같은 색깔로 나타내어, 서로 다른 정보를 나란히 놓고 볼 수 있게 하거나 중요한 정보를 쉽게 가려내도록 했다.

위치

인포그래픽에 표시된 자리는 위치나 시기 등에 관한 중요한 점을 알려 준다.

이 인포그래픽에서는 다양한 구름이 나타나는 높이를 보여준다.

친숙한 대상과의 비교

지구의 크기나 구조를 가늠할 수 있을까?
인포그래픽은 우리에게 친숙한 것들을 사용해서, 이런 측정값을 비교하여 생각할 수 있도록 도와준다.

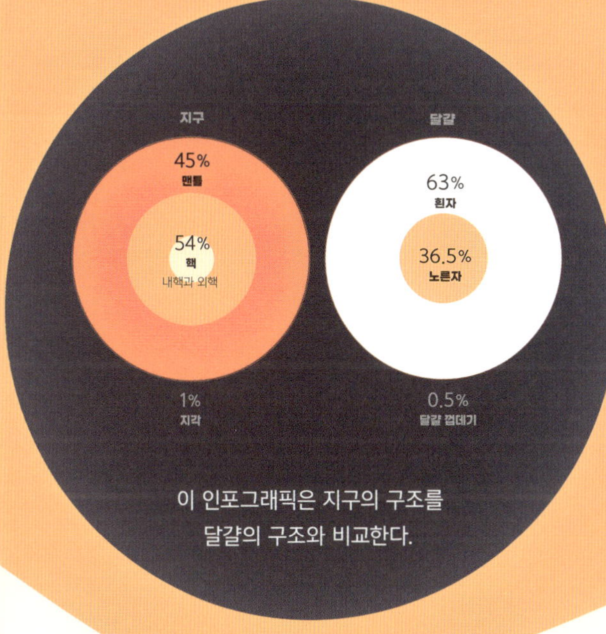

이 인포그래픽은 지구의 구조를 달걀의 구조와 비교한다.

몇몇 인포그래픽에는 **그림 보는 방법**이 설명되어 있다. 이런 설명이 나오면 먼저 읽어 보자.

이제 책 속으로 들어가 눈이 즐거운 모험을 시작해 보자. 완전히 새로운 시각으로 **하늘과 땅 그리고 바다**를 보고 이해할 수 있을 것이다.

지구를 소개합니다

지구는 특별한 행성이다. 우리가 알고 있는 한 우주에서 생명체가 살 수 있는 유일한 곳이기 때문이다. 지표면 위의 액체로 된 물, 풍부한 산소, 쾌적한 평균 온도 덕분에 지구에서 생명체가 살아갈 수 있다.

71%
지구 표면에서 물이 차지하는 비율
물은 지구 표면의 약 4분의 3을 덮고 있고 거의 바다다.

지구는 완벽한 구 모양이 아니다. 실제로는 적도 쪽이 양극 쪽보다 더 넓다.

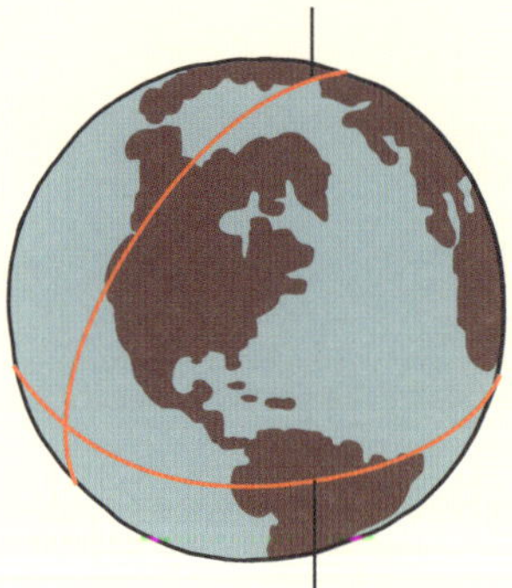

나이
44억~46억 살

지름(극에서 극)
12,714 km

29%

지구 표면에서 땅이 차지하는 비율

지구 표면의 4분의 1 이상이 대륙과 섬으로 이루어진 육지이다.

적도에서의 자전 속도

1,670 km/h

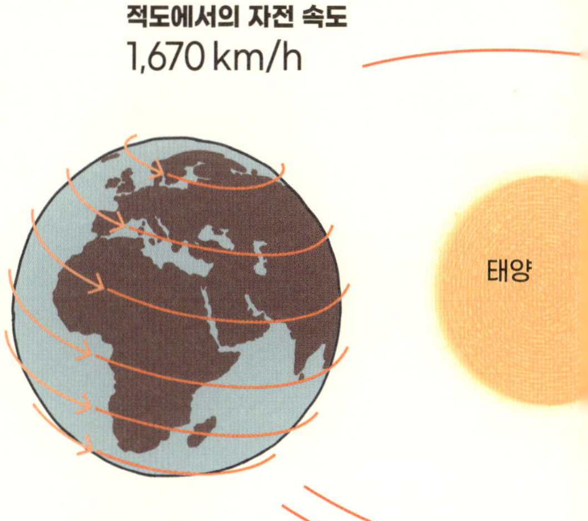

태양의 둘레를 공전하는 평균 속도

29.8 km/s

평균 온도

15°C

질량

5,970,000,000,000,000,000,000,000 kg

(5.97×10^{24} kg)

지구 안에는 무엇이 들어 있을까?

처음 지구는 액체 상태의 아주 뜨거운 암석 덩어리였다. 시간이 흐르면서 지구가 식고 철, 니켈 등의 무거운 원소들이 지구 중심으로 가라앉았는데, 이를 핵이라고 부른다. 핵을 둘러싼 층은 맨틀로, 뜨거운 반고체 암석층이다. 지구의 가장 바깥층은 지각이며 주로 단단한 현무암질과 화강암질 암석으로 구성되어 있다.

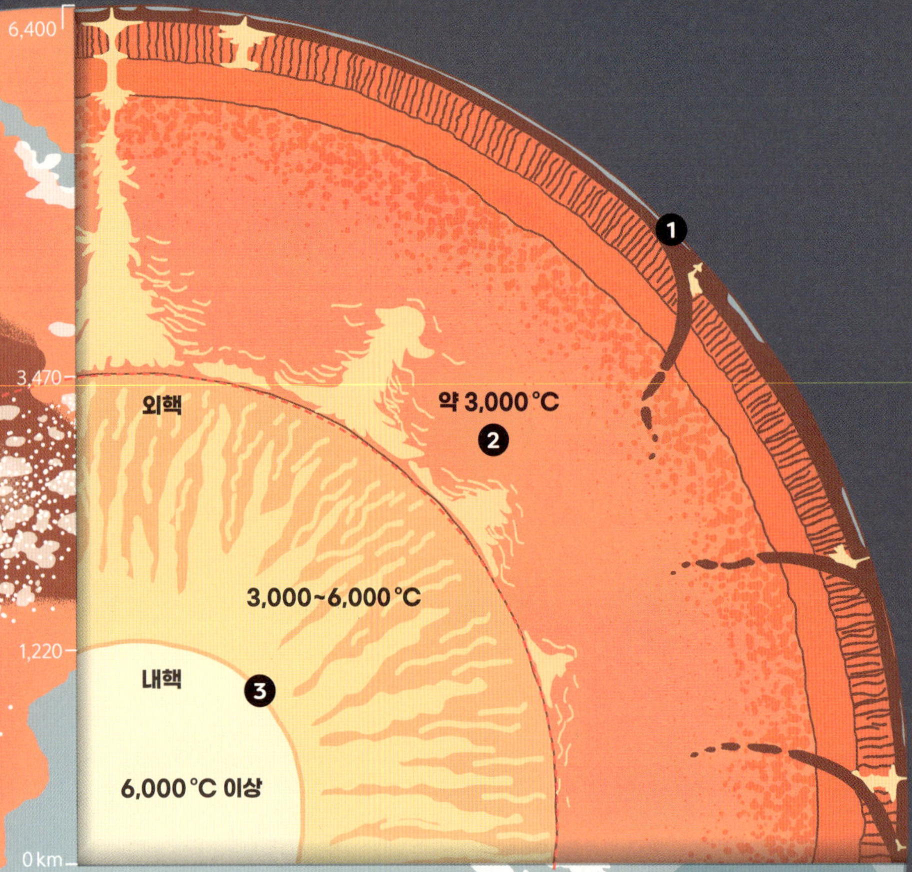

중심으로부터의 거리
킬로미터(km)

1. 지각
지각은 해양 지각과 대륙 지각으로 나뉜다. 해양 지각은 두께가 약 6 km다. 대륙 지각은 두께가 약 30~40 km다.

2. 맨틀
맨틀은 지각 아래에 있고, 두께는 최대 2,900 km다. 맨틀은 반고체 형태로 되어 있고, 그 위에는 지각이 떠 있다.

3. 핵
핵은 지구의 중심이며, 액체 상태의 외핵과 고체 상태의 내핵으로 구성되어 있다. 내핵은 내핵을 둘러싸고 있는 층들의 모든 암석이 내리 누르는 엄청난 압력 때문에 단단하다.

지구의 내핵과 외핵을 합치면 대략 화성과 비슷한 크기다.

지구는 어떻게 형성됐을까?

지구는 46억 년 전 태양을 형성하고 남은 가스와 먼지 구름으로 만들어졌다. 중력으로 뭉친 이 구름들이 뜨겁고 단단한 암석 덩어리를 만들어 냈고 마침내 지구가 되었다.

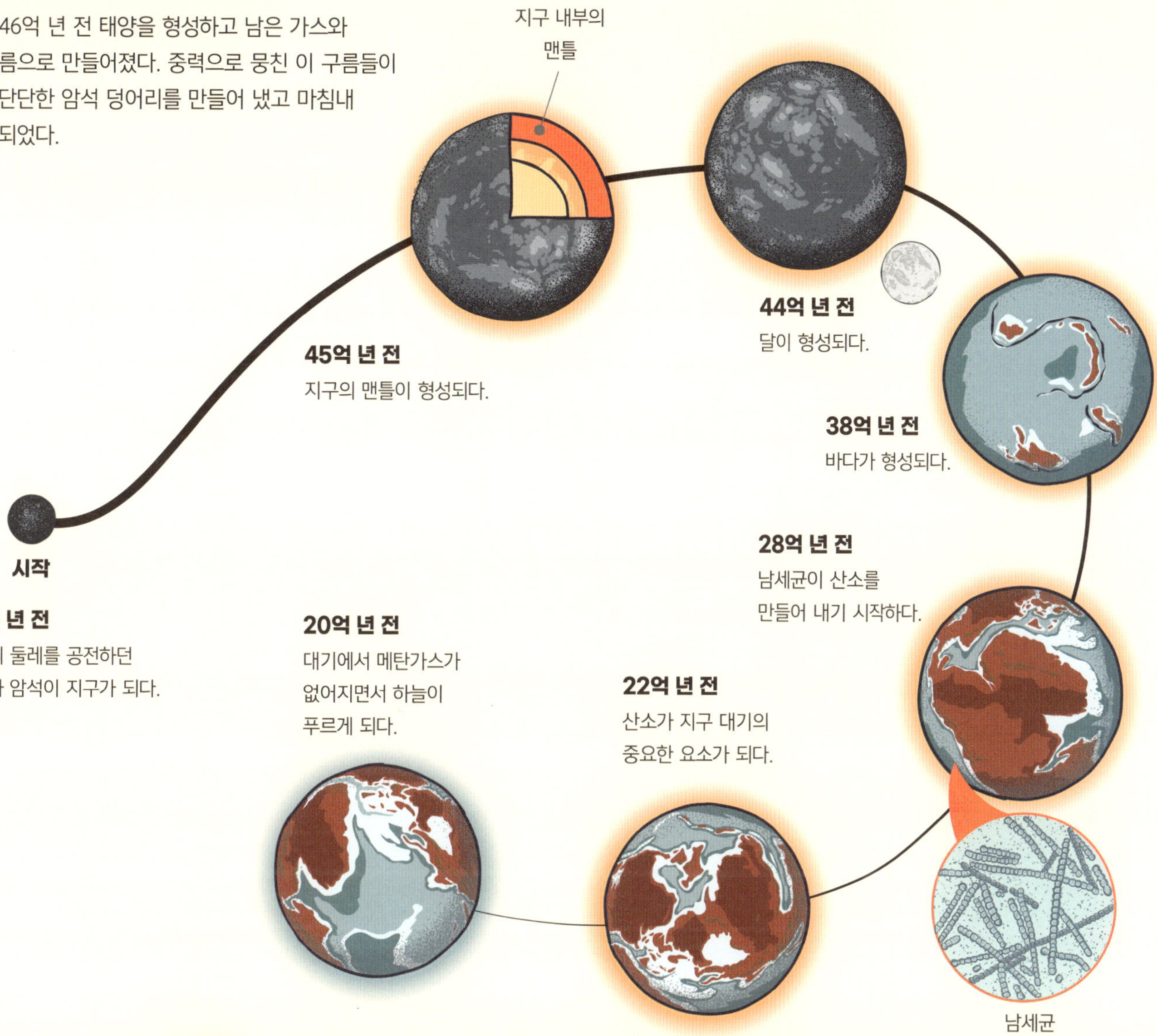

46억 년 전
태양의 둘레를 공전하던 먼지와 암석이 지구가 되다.

45억 년 전
지구의 맨틀이 형성되다.

44억 년 전
달이 형성되다.

38억 년 전
바다가 형성되다.

28억 년 전
남세균이 산소를 만들어 내기 시작하다.

22억 년 전
산소가 지구 대기의 중요한 요소가 되다.

20억 년 전
대기에서 메탄가스가 없어지면서 하늘이 푸르게 되다.

지구는 삶은 달걀과 비슷하다!

삶은 달걀의 구조와 비율을 살펴보는 것은 지구의 지각, 맨틀, 핵의 상대적 크기를 상상해 볼 수 있는 아주 좋은 방법이다. 지구는 삶은 달걀처럼 얇고 단단한 껍데기가 있다. 지구 핵과 나머지 부분 간의 크기 비율은 달걀 노른자와 나머지 부분 간의 크기 비율과 거의 같다.

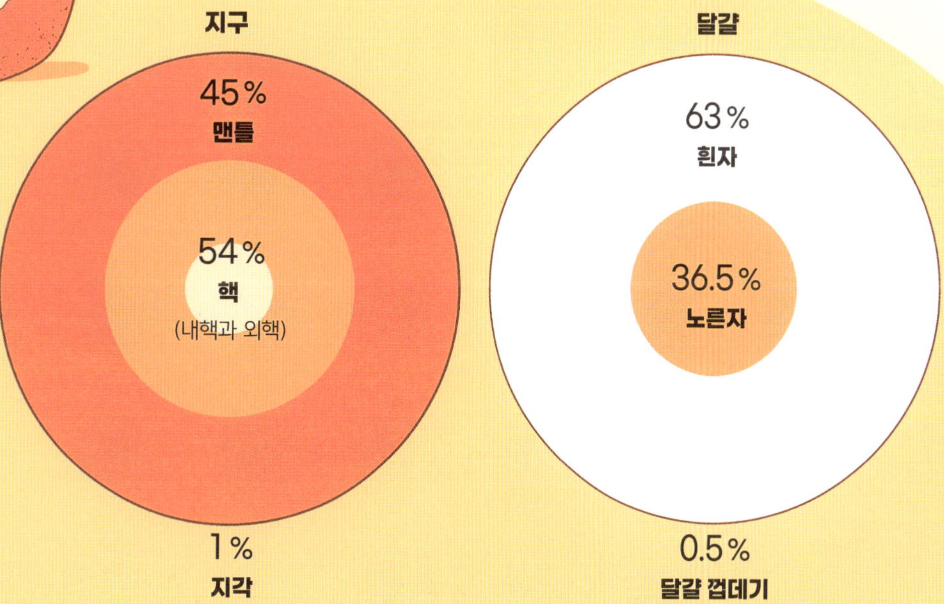

화산 폭발

화산이 폭발할 때 마그마는 지구 지각의 틈에서 나온다. 화산에서 분출되는 마그마를 용암이라고 한다. 어떤 분화에서는 용암이 지면의 갈라진 틈에서 서서히 흘러 나오고, 다른 분화에서는 용암, 암석, 기타 물질이 하늘 높이 뿜어져 나오기도 한다. 분화 유형은 마그마의 점착성, 마그마에 포함된 뜨거운 가스의 기포 함량과 밀어 올리는 힘, 마그마가 빠져나오는 암반층 등 여러 가지 요인에 따라 나뉜다.

화산 폭발을 비교하기 위해 화산 폭발 지수(VEI)를 사용한다. 이 지수의 단계는 0부터 8까지로 구분되며, 각 단계는 전 단계보다 열 배 더 강력하다.

화산 폭발 지수(VEI)	0 비폭발적	1 소규모	2 중간 규모	3 대규모	4 매우 대규모
화산재의 양 세제곱킬로미터(km^3)	<0.0001	0.0001~0.001	0.001~0.01	0.01~0.1	0.1~1
화산 분출 기둥 높이 킬로미터(km) (<1, 1, 5)	<0.1	0.1~1	1~5	3~15	10~25
크기 표본	**마우나로아** 하와이 1984년	**킬라우에아** 하와이 1961년	**포피크드** 알래스카 2006년	**네바도델루이스** 콜롬비아 1985년	**라카기가르** 아이슬란드 1783년

분화 유형

하와이식 분화 (VEI 0, 1)
강력한 분화에 비해 작지만, 뜨거운 암석을 50m 상공까지 뿜어 올릴 수 있다.

벌컨식 분화 (화산 폭발 지수 2, 3, 4)
이탈리아 스트롬볼리 근처 불카노섬의 이름을 따서 지었다. 화산이 폭발할 때 짙은 화산재 구름이 하늘로 자욱하게 피어오른다.

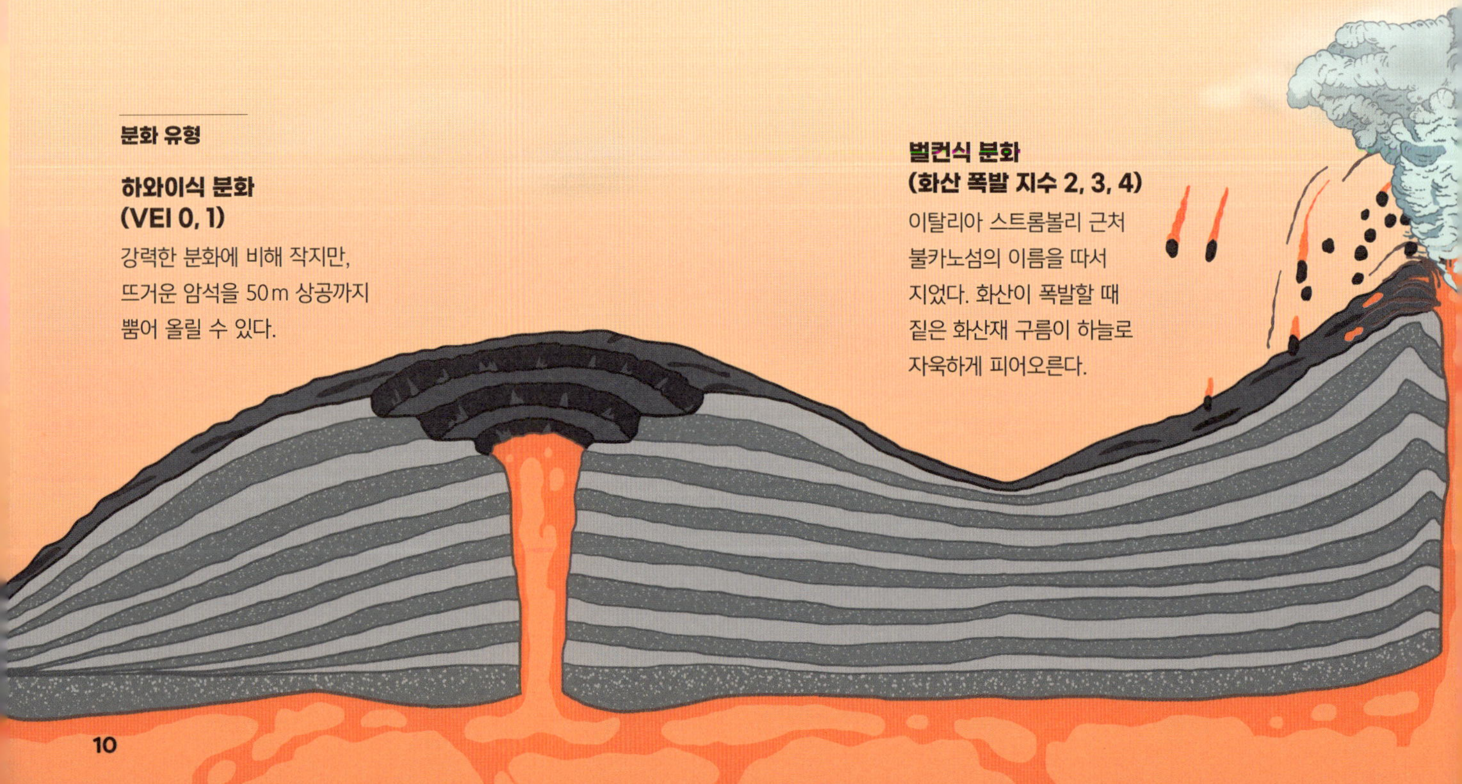

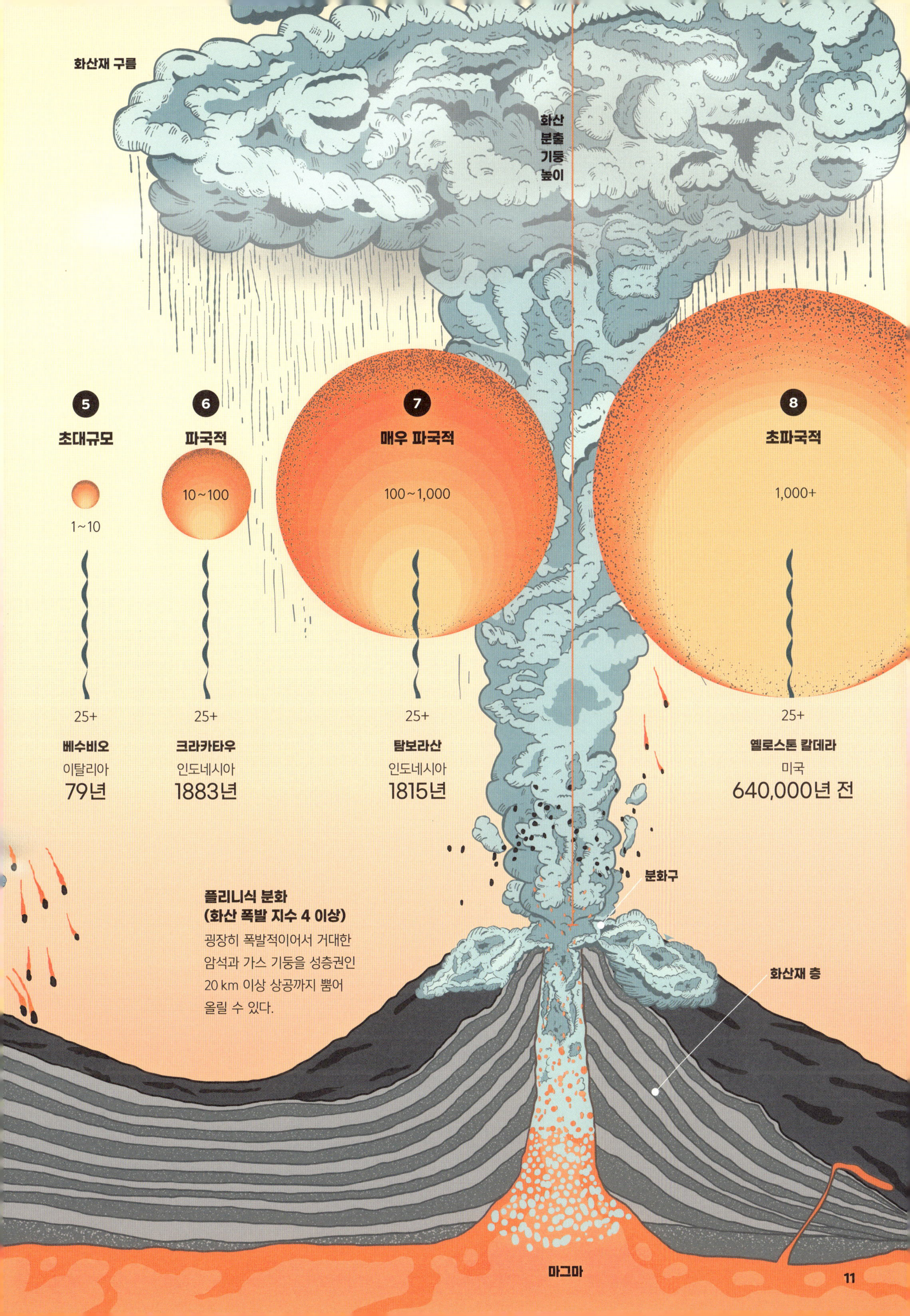
화산재 구름
화산 분출 기둥 높이
5
초대규모
1~10
25+
베수비오
이탈리아
79년
6
파국적
10~100
25+
크라카타우
인도네시아
1883년
7
매우 파국적
100~1,000
25+
탐보라산
인도네시아
1815년
8
초파국적
1,000+
25+
옐로스톤 칼데라
미국
640,000년 전
분화구
플리니식 분화
(화산 폭발 지수 4 이상)
굉장히 폭발적이어서 거대한
암석과 가스 기둥을 성층권인
20 km 이상 상공까지 뿜어
올릴 수 있다.
화산재 층
마그마

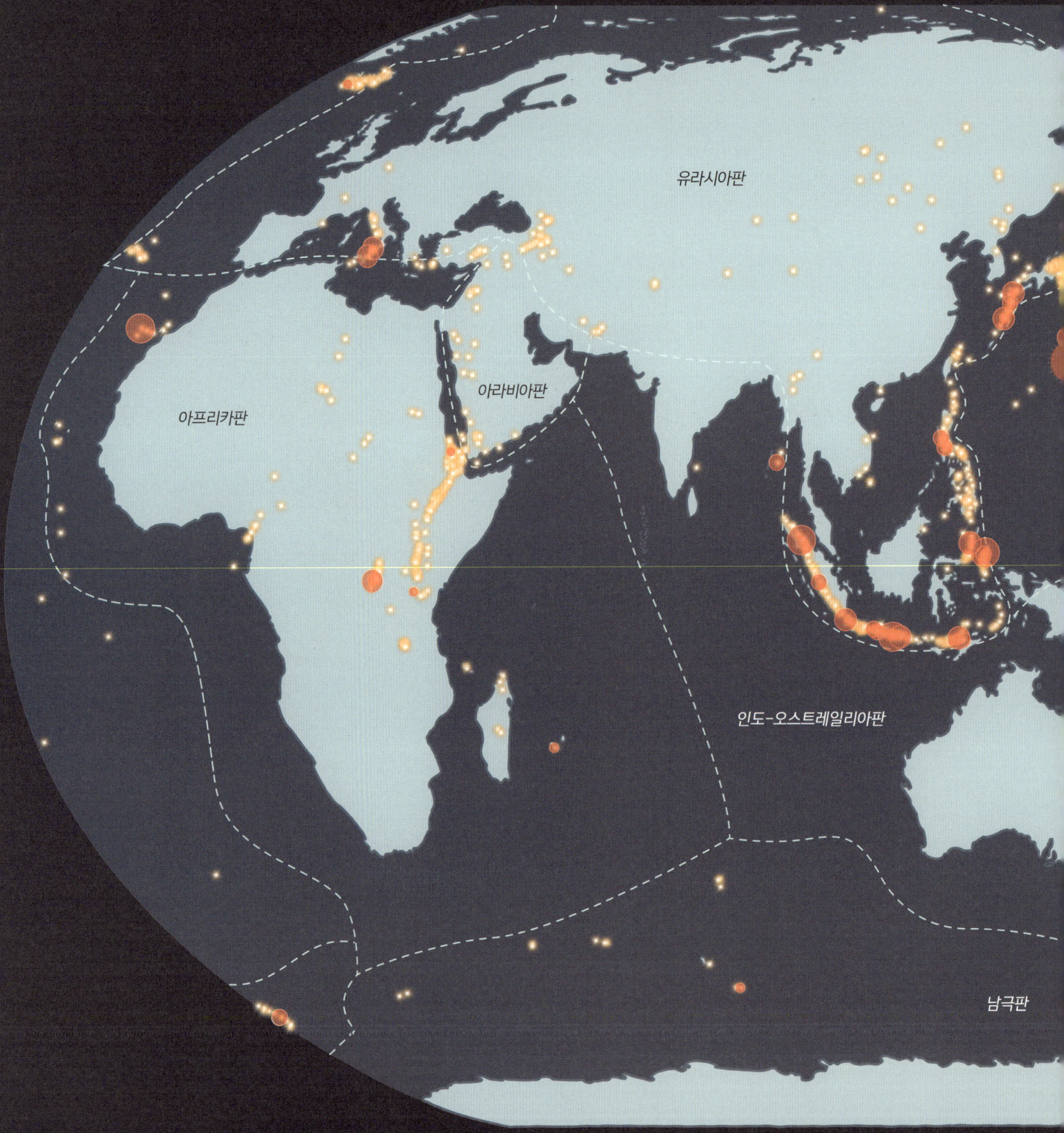

불의 고리

화산 활동은 어느 곳에서 일어날까? 지구의 지각은 지각판이라고 하는 거대한 암석 판들로 나뉘어져 있다. 지각판은 천천히 움직이고 있다. 대부분의 화산과 지진 활동은 서로 다른 지각판이 만나 부딪히는 판의 가장자리(경계)에서 발생한다. 전체 화산의 약 75%는 불의 고리라고 알려진 태평양판 경계에서 분출한다.

그림 보는 방법

점선은 주요 지각판의 경계를 나타낸다. 밝은 노란색 점은 지난 10,000년 동안 활동한 화산을 나타낸다. 2021년에 일어난 거대한 화산 분화는 빨간색 원으로 강조 표시되어 있다. 빨간색 원이 클수록 폭발이 큰 것이다.

- 지난 10,000년 동안 활동한 화산
- 2021년에 일어났던 분화의 화산 폭발 지수: 0, 1, 2, 3, 4~5
- 2021년에 일어났던 거대한 화산 분화
- 지각판

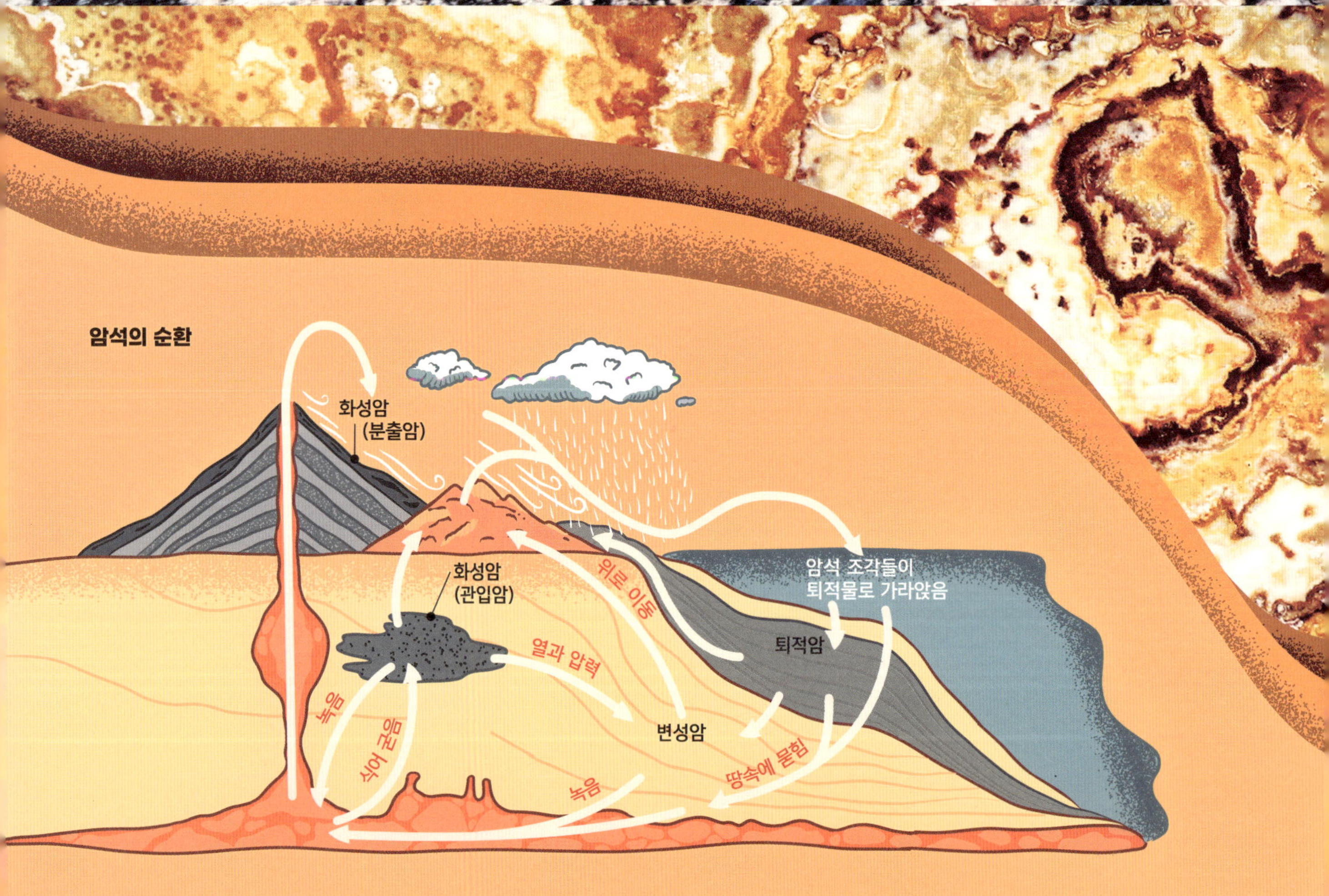
암석의 순환
화성암
(분출암)
화성암
(관입암)
위로 이동
열과 압력
암석 조각들이
퇴적물로 가라앉음
퇴적암
변성암
녹음
식어 굳음
땅속에 묻힘
녹음

퇴적암

퇴적암은 무르고 단단하지 않은 퇴적물이 뚜렷한 층을 이루며 굳어져 만들어진다. 퇴적암에서 화석을 발견하기도 한다.

화성암

화성암은 굳은 마그마다. 관입 화성암은 마그마가 지구의 표면 아래서 식어 굳을 때 만들어진다. 분출 화성암은 마그마가 지구의 표면을 뚫고 올라와 땅 위에서 식고 굳을 때 만들어진다. 빠르게 식어 만들어진 화성암은 결정이 작고, 느리게 식어 만들어진 화성암은 결정이 크다.

변성암

변성암은 기존의 화성암이나 퇴적암이 지각 내부의 엄청난 열과 압력을 받아 압착되면서 만들어진다. 종종 줄무늬 구조를 가지고 있다.

암석 알아보기

암석은 만들어지고 작은 조각으로 부서졌다가 또다시 만들어진다. 이를 암석의 순환이라고 한다. 이 순환 과정에서 형성되는 암석에는 세 종류가 있다. 퇴적암, 화성암, 변성암이다. 위 사진에서 볼 수 있듯이, 모두 다른 모양을 가지고 있다.

광물을 측정하는 방법

지구의 표면은 암석으로 이루어져 있다. 대부분의 암석은 한 가지 이상의 광물 집합체라고 할 수 있다. 광물의 종류는 수천 가지인데, 지구에서 가장 단단한 천연물 중 하나인 금강석부터 무르고 잘 바스러지는 활석까지 모양과 감촉이 매우 다르다. 지질학자들은 광물과 원석의 상대적 굳기를 비교하는 데 모스 굳기계를 사용한다.

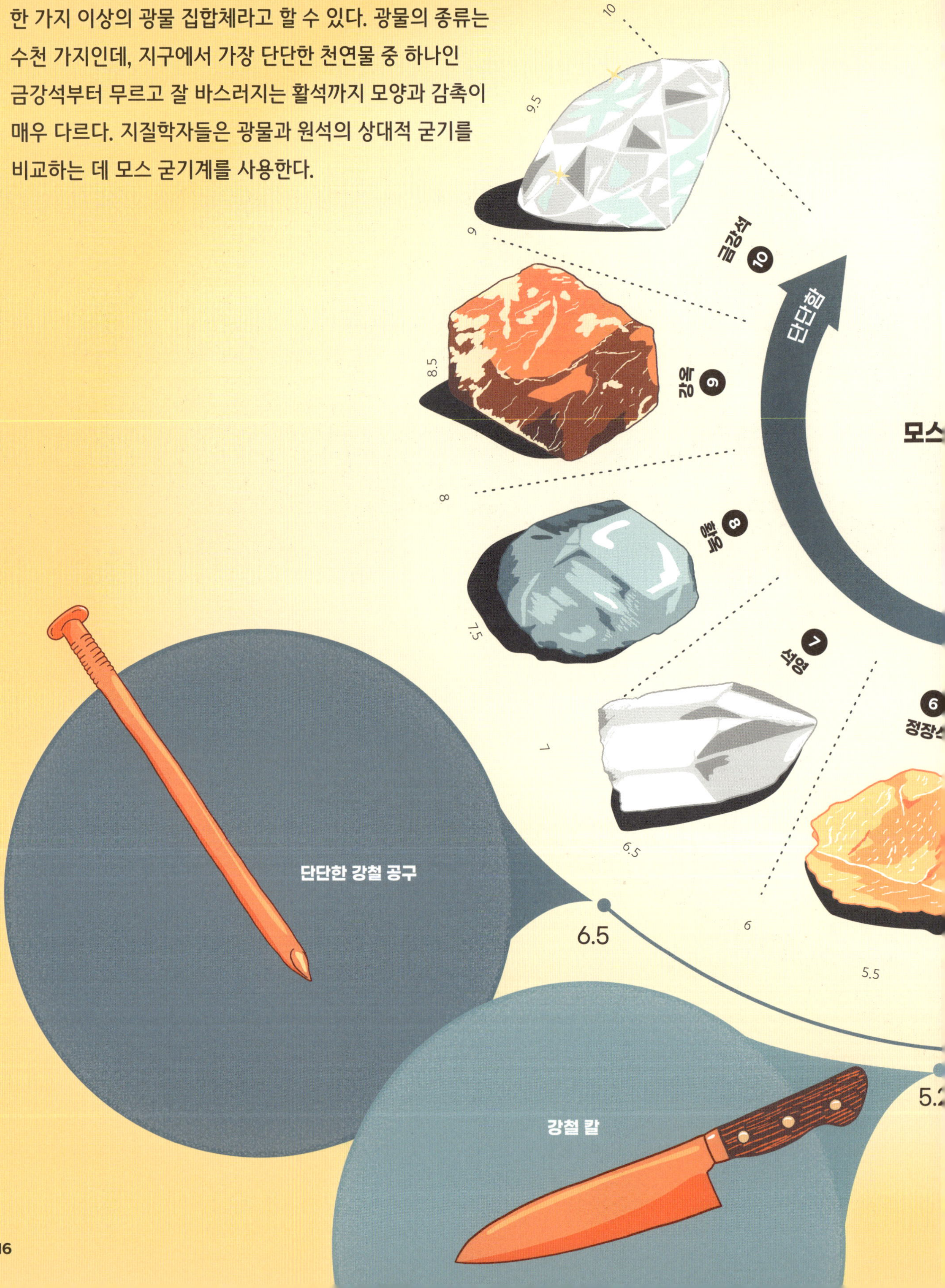

모스 굳기계

독일의 지질학자 프리드리히 모스는 광물과 여러 물질이 긁히는 정도를 측정하기 위해 모스 굳기계를 창안했다. 모스 굳기계는 기준이 되는 열 가지 광물에 1부터 10까지의 등급을 매긴다. 각 광물은 아래 등급에 있는 광물을 긁을 수 있다. 따라서 등급이 높을수록 더 단단한 광물이다. 모스 굳기계를 이용하면 광물 외의 다른 물질의 굳기도 측정할 수 있다. 예를 들면 손톱으로는 석고를 긁을 수 있어도 방해석은 긁을 수 없다. 그렇다면 모스 굳기계에서 손톱은 2.2점이다. 손톱은 석고보다 단단하지만 방해석보다는 무른 것이다.

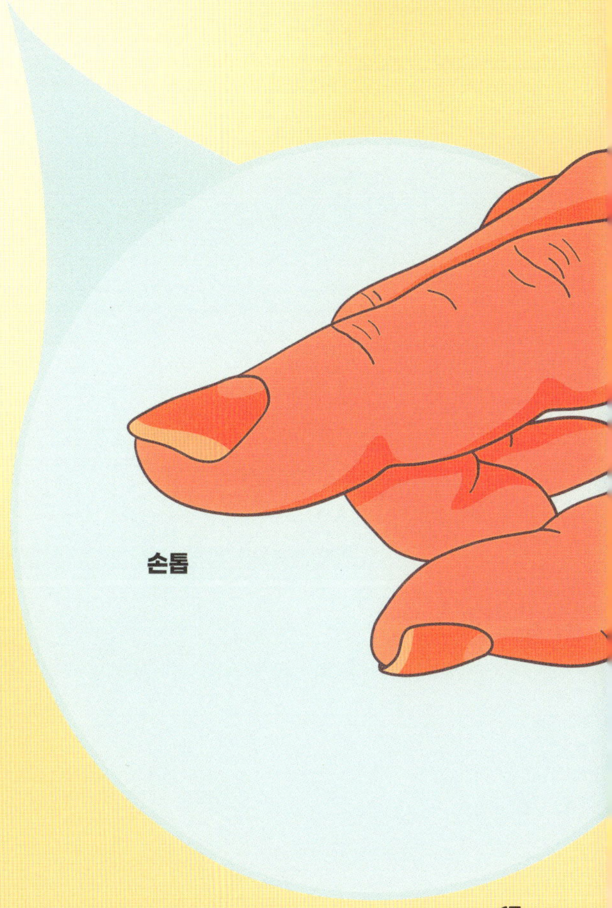

물은 다 어디에 있을까?

우주에서 바라보면 지구는 푸른 행성처럼 보인다. 바다가 표면에서 아주 높은 비율을 차지하고 있기 때문이다. 이 인포그래픽은 지구상의 모든 물을 걷어 내면 어떤 모습일지를 보여 준다. 지구상의 모든 물을 나타내는 파란색 물방울은 일정한 비례로 축소하여 그린 것이다.

유리잔 속에 든 지구의 담수

지구상에 있는 거의 모든 물은 바닷물이다. 매우 적은 비율만이 담수고, 그중에서도 훨씬 적은 일부만이 흐르는 담수다. 아래의 인포그래픽은 지구상의 모든 담수를 거대한 유리잔 속에 담는다면 어떤 모습일지 보여 준다. 대부분의 담수는 빙하와 만년설에서 온 얼음이고, 그 다음으로는 지표면 아래 있는 지하수다. 그리고 그 나머지가 표면 위에 있는 액체 상태의 담수이다. 이는 전 세계 모든 물의 극히 일부만을 차지한다.

0.3%
지표수
이 얕은 물은 모든 호수, 늪, 강, 지구상의 모든 동식물 안에 든 물과 대기 중의 모든 물까지 나타낸 것이다.

30.1%
지하수
우리 발 밑에는 엄청난 양의 물이 있다. 눈에 보이지 않는 이 거대한 물 저장고는 매우 중요하다. 왜냐하면 호수와 강이 가득 차도록 끊임없이 물을 채워 주기 때문이다.

69.6%
빙하, 땅 위 얼음, 항상 얼어 있는 땅
지구상의 담수 대부분은 주로 그린란드와 남북극 지역에 얼어붙은 빙하와 만년설에 갇혀 있다.

바로 앞에 빙산이 있다

빙산은 빙하나 빙붕에서 떨어져 나와 바다에 떠다니는 얼음덩어리다. 빙산은 남극 대륙 주변 대양, 북극해 대양, 그리고 빙하가 녹은 물로 만들어진 호수 근처에서 발견된다. 빙산은 단단한 담수 얼음이며, 대부분이 물속에 잠겨 있다. 빙산은 대양 위에서 수천 킬로미터를 떠다니지만 따뜻한 해양에 도달하면 녹아 없어진다.

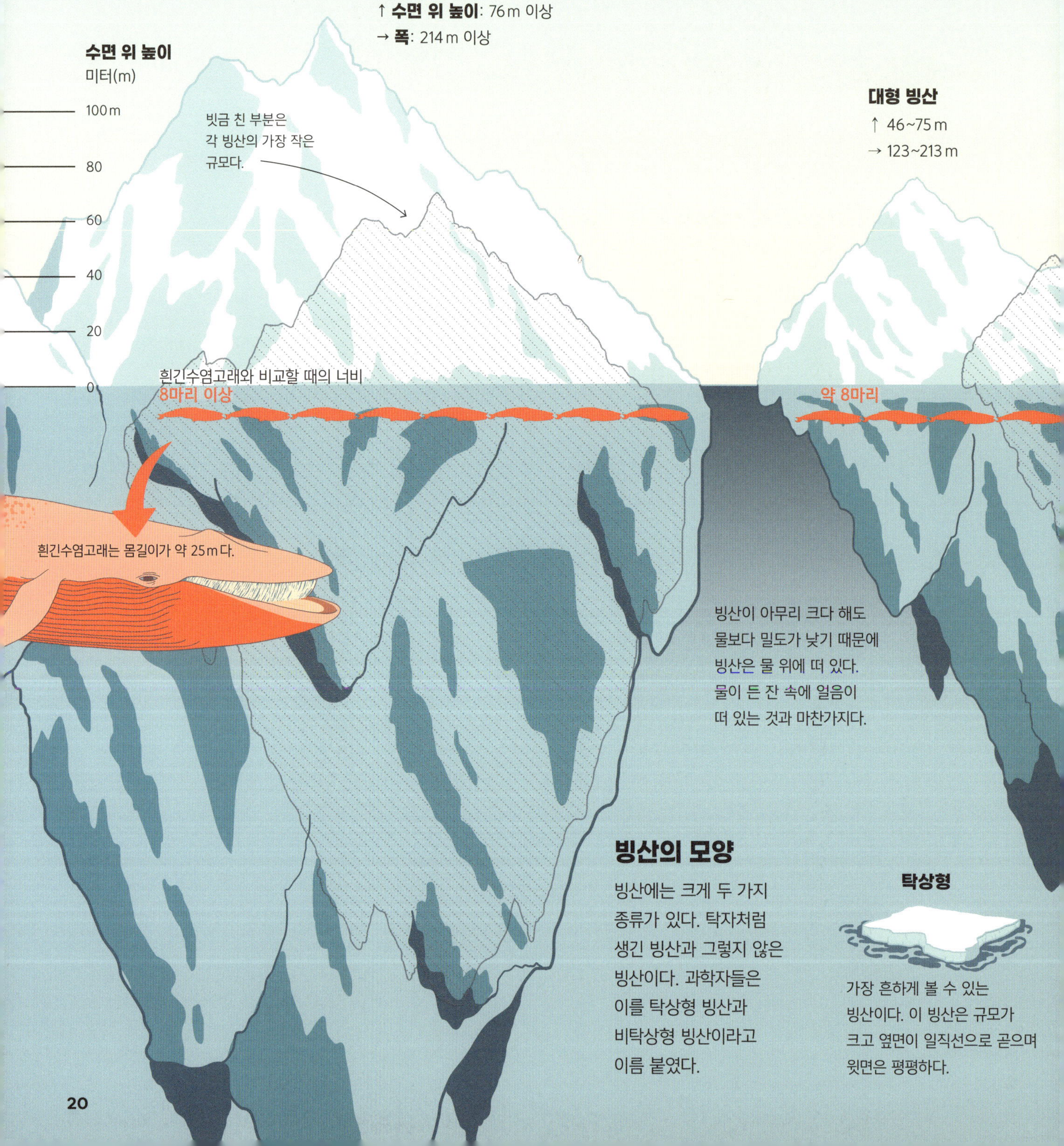

빙산의 모양

빙산에는 크게 두 가지 종류가 있다. 탁자처럼 생긴 빙산과 그렇지 않은 빙산이다. 과학자들은 이를 탁상형 빙산과 비탁상형 빙산이라고 이름 붙였다.

탁상형

가장 흔하게 볼 수 있는 빙산이다. 이 빙산은 규모가 크고 옆면이 일직선으로 곧으며 윗면은 평평하다.

분리 빙하

빙산은 빙하나 천천히 움직이는 거대한 얼음덩어리에서 생겨난다. 빙하는 수백 년에 걸쳐 압축된 눈으로 만들어진다. 빙하 조각은 '분리'라는 과정을 통해 떨어져 나와 바다로 흘러 들어간다. 오른쪽 지도를 보면 북극보다 남극에 얼음이 훨씬 많다는 것을 알 수 있다. 남극의 얼음은 육지 위에 있고 북극의 얼음은 바다 위에 떠 있기 때문이다. 바다가 육지보다 더 많은 열을 가지고 있기 때문에 북극이 남극보다 따뜻하다.

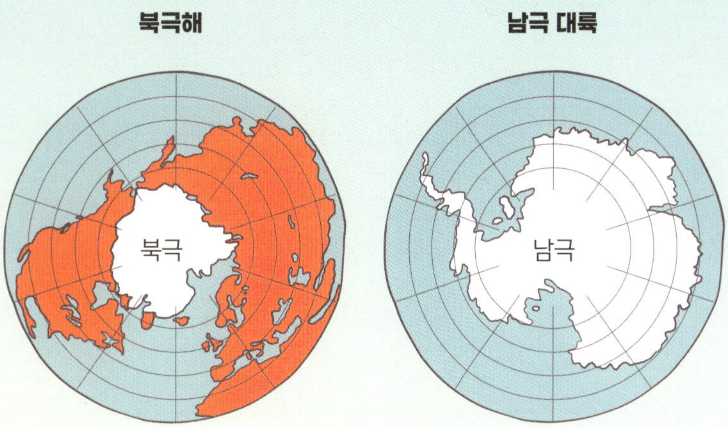

비탁상형

돔 모양
윗부분이 둥그스름하고 표면은 대개 매끄럽다.

뾰족탑 모양
위로 솟아 있는 얼음 첨탑 모양이다.

쐐기 모양
한쪽 면은 경사가 가파르고 다른 쪽 면은 경사가 완만하다.

건선거 모양
두 개 이상의 얼음 기둥이 U자 모양을 이루고 있다.

블록 모양
가파른 옆면과 평평한 윗면이 있어 거대한 얼음 조각처럼 보인다.

가장 긴 강

강은 지구의 전체 물에서 극히 일부(0.0001 %)만 차지하고 있지만, 식물과 동물, 사람에게 담수를 실어다 주기 때문에 매우 중요하다. 강은 육지에 계곡과 협곡을 깎아 모양을 내기도 한다.

그림 보는 방법

여기에는 세계에서 가장 긴 강 열 개와 각 강이 바다로 운반하는 물의 평균 양(유량)이 나와 있다. 지도 위의 숫자를 보면 이 열 개의 강이 세계 어느 곳에 위치해 있는지 알 수 있다. 숫자는 하구에 표시해 놓았고, 강은 파란색 선으로 나타내었다.

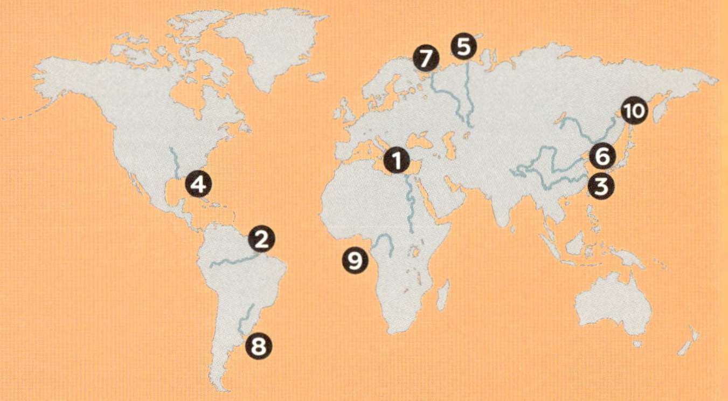

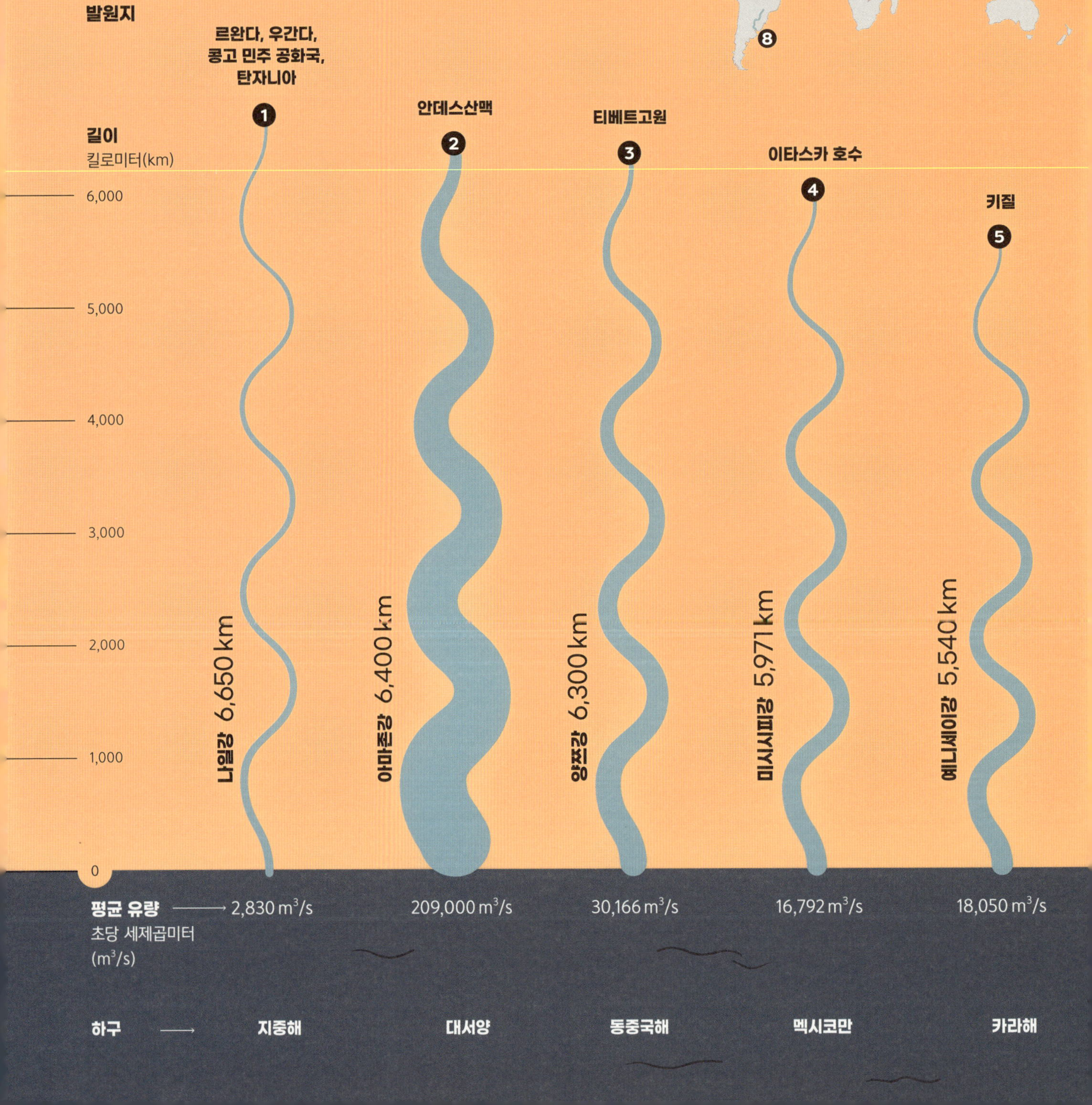

높은 폭포

세계에서 가장 큰 폭포인 앙헬 폭포는 높이가 너무 높아, 더운 날씨에는 꼭대기에서 흘러내리는 물이 바닥에 닿기도 전에 모두 옅은 안개로 변한다.

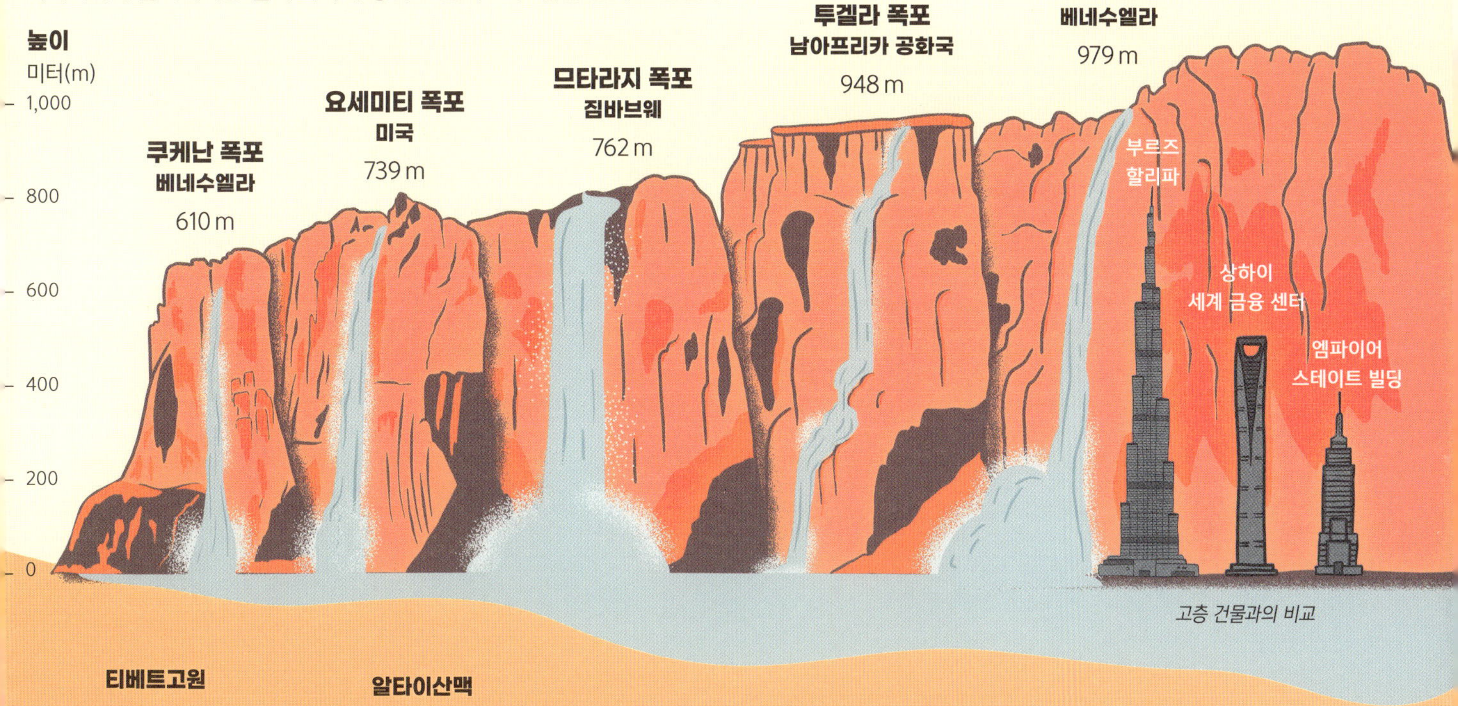

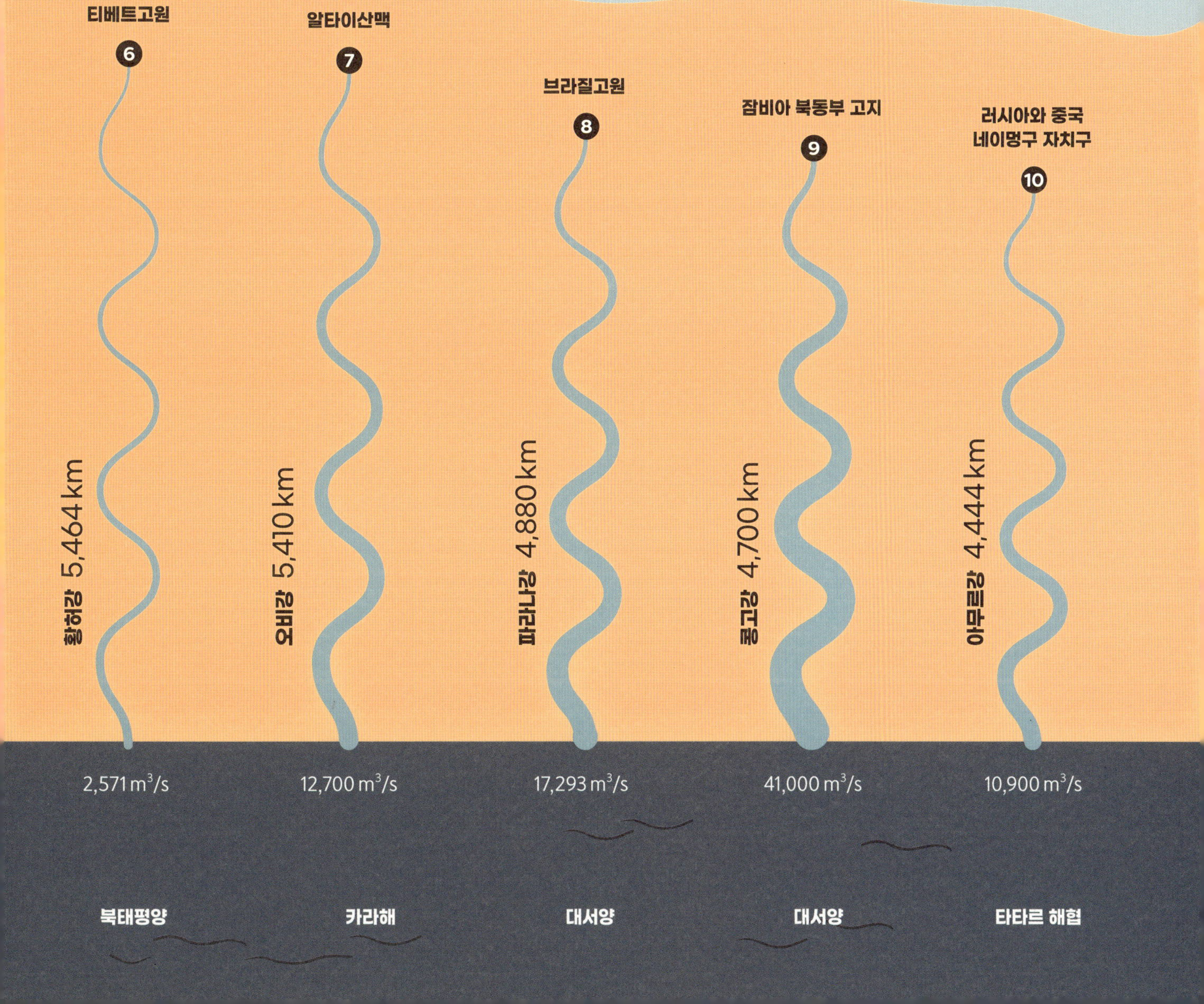

깊은 동굴

동굴은 여러 방법으로 만들어질 수 있다. 예를 들어, 암석이 물이나 화산에서 흘러나온 용암에 녹을 때 또는 지진으로 큰 암석이 갈라질 때 만들어진다. 세계에서 가장 긴 동굴계는 지하에 수백 킬로미터까지 뻗어 있다.

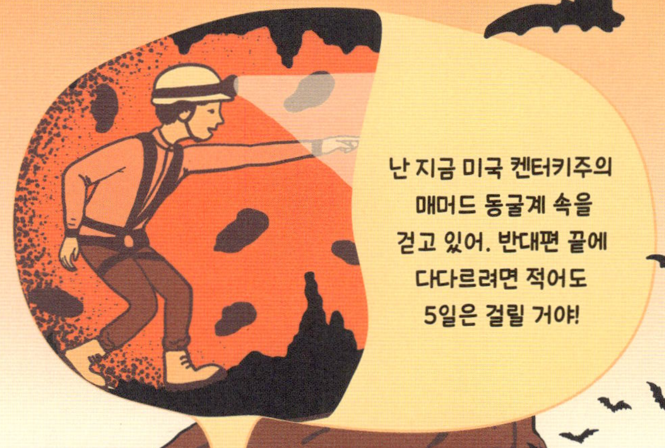

가장 긴 동굴

가장 깊은 동굴

이 인포그래픽에서는 세계적으로 깊다고 알려진 여덟 개의 동굴을 볼 수 있다. 이 중 네 개의 동굴은 유럽과 아시아의 경계에 위치한 국가, 조지아에서 찾아볼 수 있다. 가장 깊은 동굴인 베료브키나 동굴은 1968년에 발견되었는데, 동굴학자들이 동굴 깊이 들어갔다가 밖으로 나오는 데는 약 일주일이 걸린다.

석순
종유석
석주

종유석과 석순

동굴 천장에서 물이 떨어지면 동굴 천장과 바닥에 소량의 광물질이 남는다. 시간이 지나면서 바닥에 있던 광물이 쌓이면 위로 자라며 원뿔 모양의 암석을 만들어 내는데, 이를 석순이라고 한다. 동굴 천장에 고드름처럼 매달려 생기는 원뿔 모양의 암석은 종유석이라고 한다. 나중에는 석순과 종유석이 서로 맞닿아 석주를 형성할 수 있다.

하늘 저 너머

맨눈으로는 분간할 수 없지만 지구의 대기는 크게 다섯 층으로 구분된다. 사람들은 구름과 날씨가 형성되는 대류권에서 살아간다. 높이 올라갈수록 공기 입자는 점점 더 멀리 흩어지고 대기는 점점 더 가벼워진다. 지구의 대기는 진공 상태의 우주에 도달하며 끝난다.

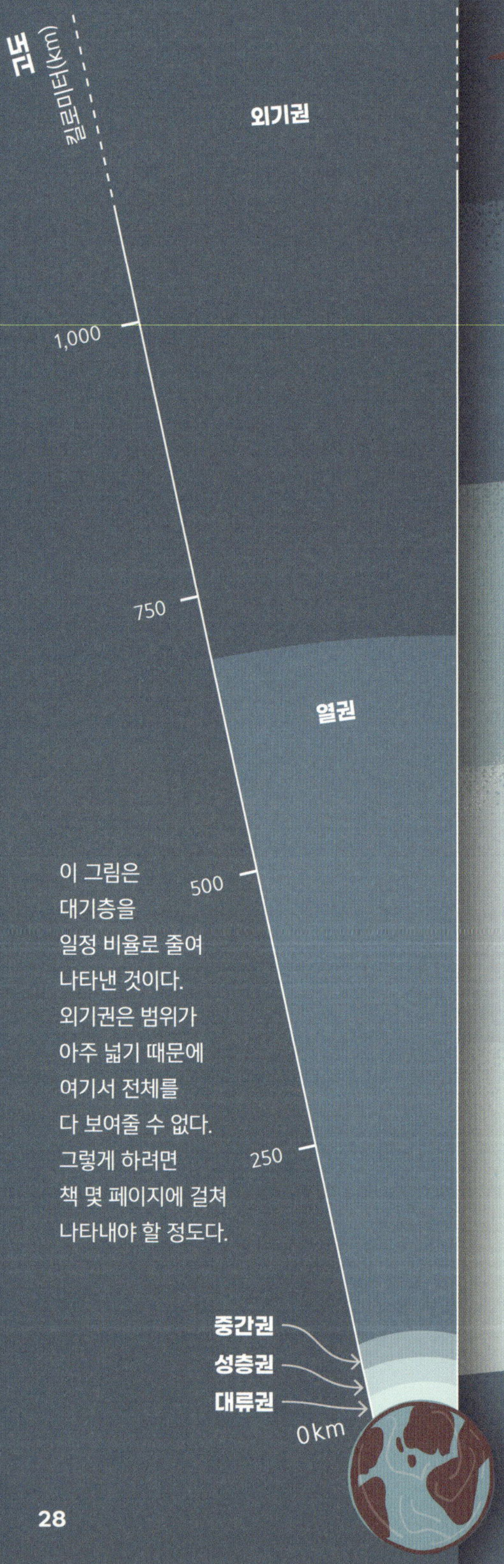

이 그림은 대기층을 일정 비율로 줄여 나타낸 것이다. 외기권은 범위가 아주 넓기 때문에 여기서 전체를 다 보여줄 수 없다. 그렇게 하려면 책 몇 페이지에 걸쳐 나타내야 할 정도다.

외기권

700~10,000 km

외기권은 지구 대기의 가장 바깥층이다. 가볍고 빠른 기체 입자들은 종종 우주로 빠져나가기도 한다. 인공위성들이 여기서 돌고 있다.

열권

80~700 km

이 층은 태양 에너지 때문에 낮이 밤보다 200°C 더 뜨거워 열권이라고 불린다.

중간권

50~80 km

중간권의 공기는 아래 층들과 비슷하지만, 훨씬 가벼우며 수증기가 거의 없다. 별똥별이 이 대기층에서 발견된다.

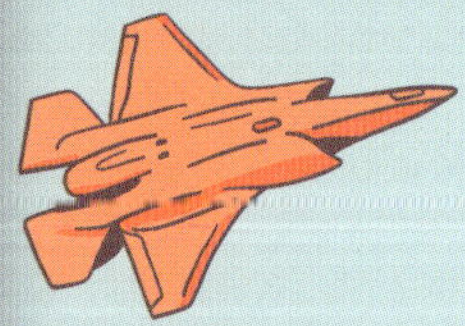

성층권

20~50 km

성층권에는 태양 자외선을 흡수하여 지구 생명체를 보호해 주는 오존층이 있다. 오존층이 없었다면 인간은 피부암에 걸릴 위험이 훨씬 컸을 것이다. 이 대기층에는 산소가 충분하지 않다.

대류권

0~20 km

대부분의 구름과 기상 현상이 여기에서 나타난다. 대기 중 가장 무거운 층이며 지표면에 가장 가깝다. 다만 8 km 이상에서는 공기가 너무 부족해 인간이 숨을 쉴 수 없다.

우리가 숨 쉬는 공기는 무엇으로 이루어져 있을까?

대류권의 지구 대기는 주로 질소로 이루어져 있다. 질소는 색깔이나 맛이 없으며, 상온에서 다른 기체와 반응을 일으키지 않는다. 나머지는 대부분 산소다. 아르곤이라는 기체와 소량의 이산화탄소, 메탄, 수소 및 기타 원소가 나머지 1%를 차지한다.

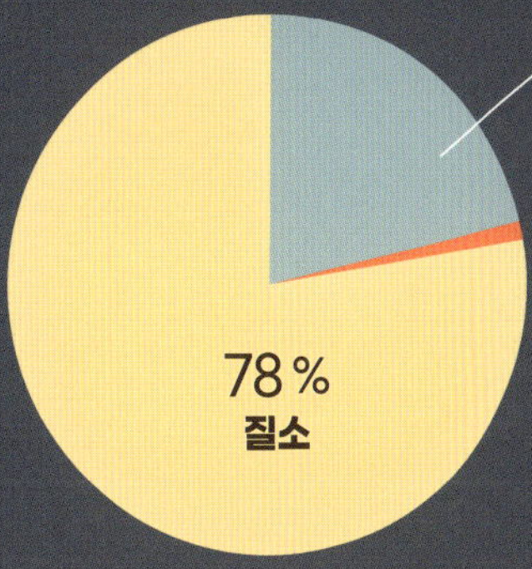

아르곤과 이산화탄소 등의 미량 기체이다. 이산화탄소의 비중은 지구 대기의 0.04%에 불과하다.

기압

공기 무게에 의해 생기는 대기의 압력을 기압이라고 한다. 공기는 지구 표면으로부터 멀어질수록 점점 더 가벼워진다. 공기의 무게가 줄면 공기의 압력도 줄어든다. 대부분의 비행기는 약 11,000m 높이에서 비행하는데, 객실 압력 조절 장치를 사용해 비행기 내부의 공기 압력이 지상의 공기 압력과 비슷하도록 유지한다.

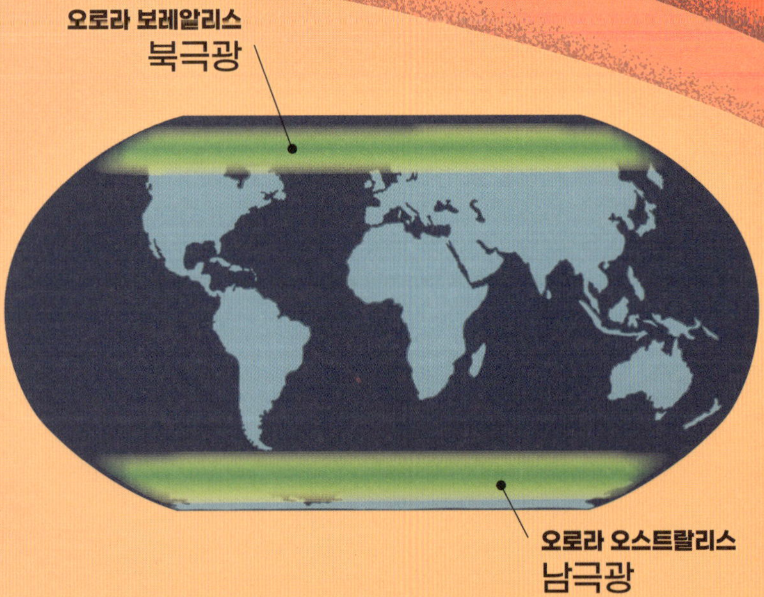

오로라는 이 지도에서
녹색 띠로 표시된
지구의 극지방 주변에서
발생한다.

눈부신 오로라

오로라는 빛이 형형색색으로 일렁이는 현상으로, 주로 지구의 최북단과 최남단 지역의 밤하늘에서 이따금씩 나타난다. 북반구에서는 이 아름다운 광경을 오로라 보레알리스 또는 북극광(위의 사진)이라고 한다. 남반구에서는 오로라 오스트랄리스 또는 남극광이라고 한다. 오로라는 태양에서 온 전기 띤 입자가 지구 열권에 있는 기체 원자와 충돌하면서 발생한다.

구름 낀 하늘

구름은 눈에 보이지 않는 수증기가 작은 물방울이나 얼음 결정으로 변하면서 만들어진다. 물방울이나 결정, 또는 이 둘의 혼합물이 공기 중에 구름으로 떠 있다가 점점 무거워지면서 비나 눈, 우박으로 지면에 떨어진다. 흔하게 볼 수 있는 구름 유형에는 열 가지가 있다. 일반적으로 각 구름 유형은 하늘의 특정 고도에서 나타난다.

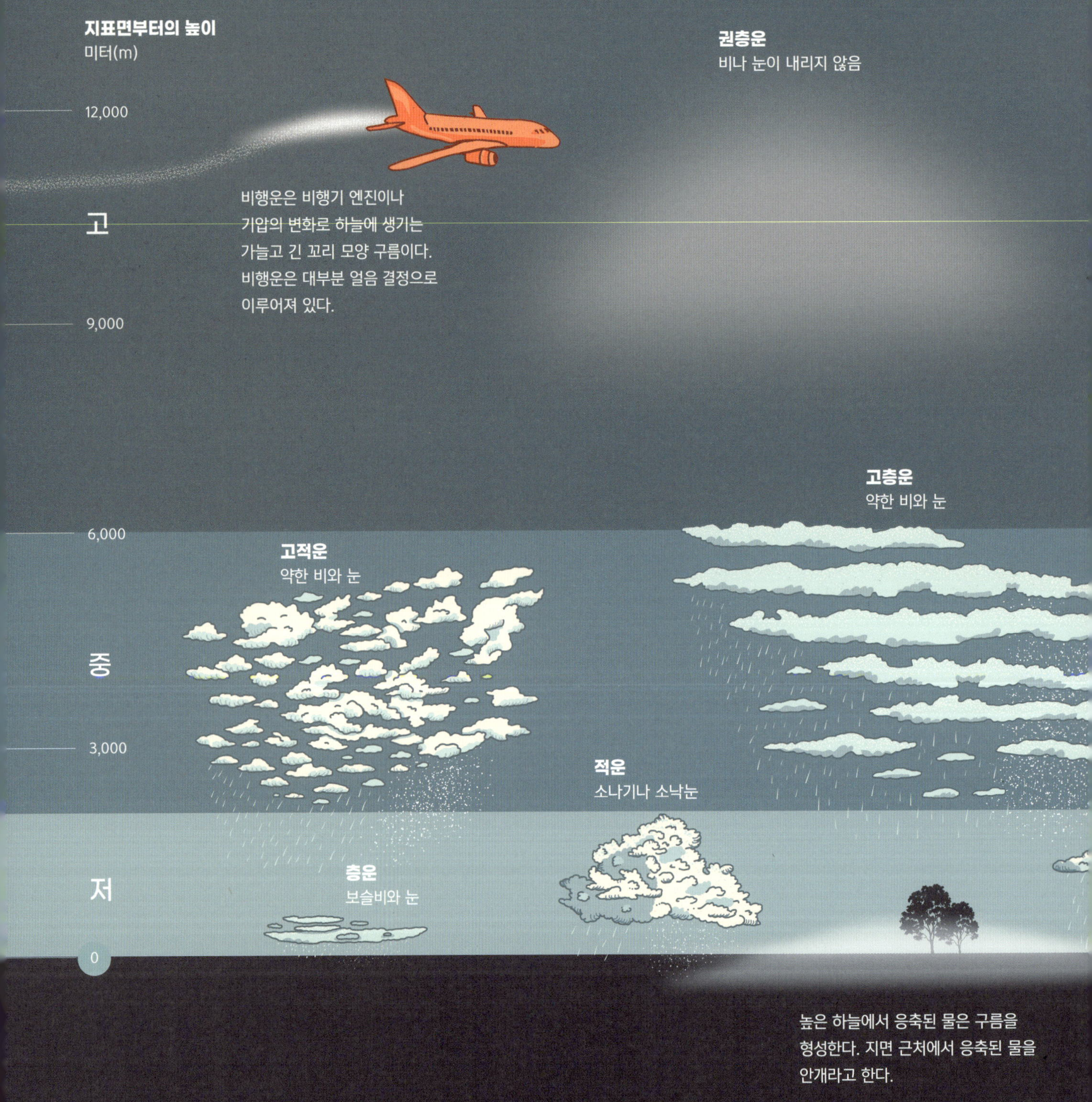

물의 순환

물은 순환을 통해 지구 안에서 끊임없이 이동한다. 태양이 지표면 위의 물을 가열하면 수증기로 증발한다. 수증기가 식어 응축되면 구름이 되고, 이는 비나 눈, 우박으로 다시 지표면에 떨어진다. 그런 다음 중력으로 인해 강과 지하로 흘러 내려가고 결국 바다에서 합류하여 다시 순환이 시작된다. 댐 건설이나 각종 용수 공급과 같은 인간의 활동 역시 물의 순환에 영향을 준다.

극한의 지구

타는 듯한 사막부터 얼어붙은 빙하까지, 우뚝 솟은 산부터 깊은 바다까지.
지구는 극한의 행성이다. 이 지도는 수년간 측정한 평균 기온의 수준을 색깔별로 나타냈다.
각 대륙에서 나타난 이례적인 기록과 기상 이변도 표시해 놓았다.

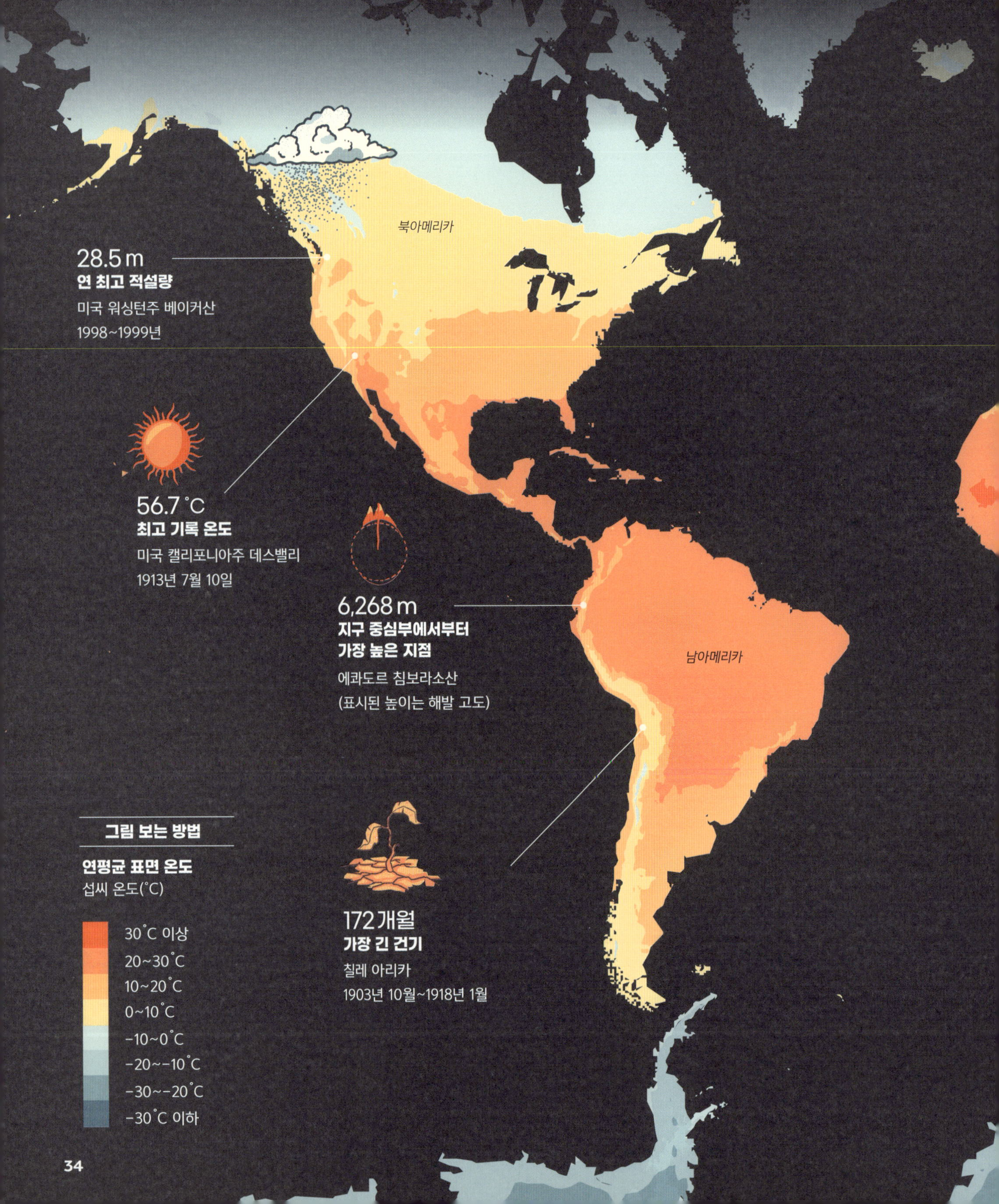

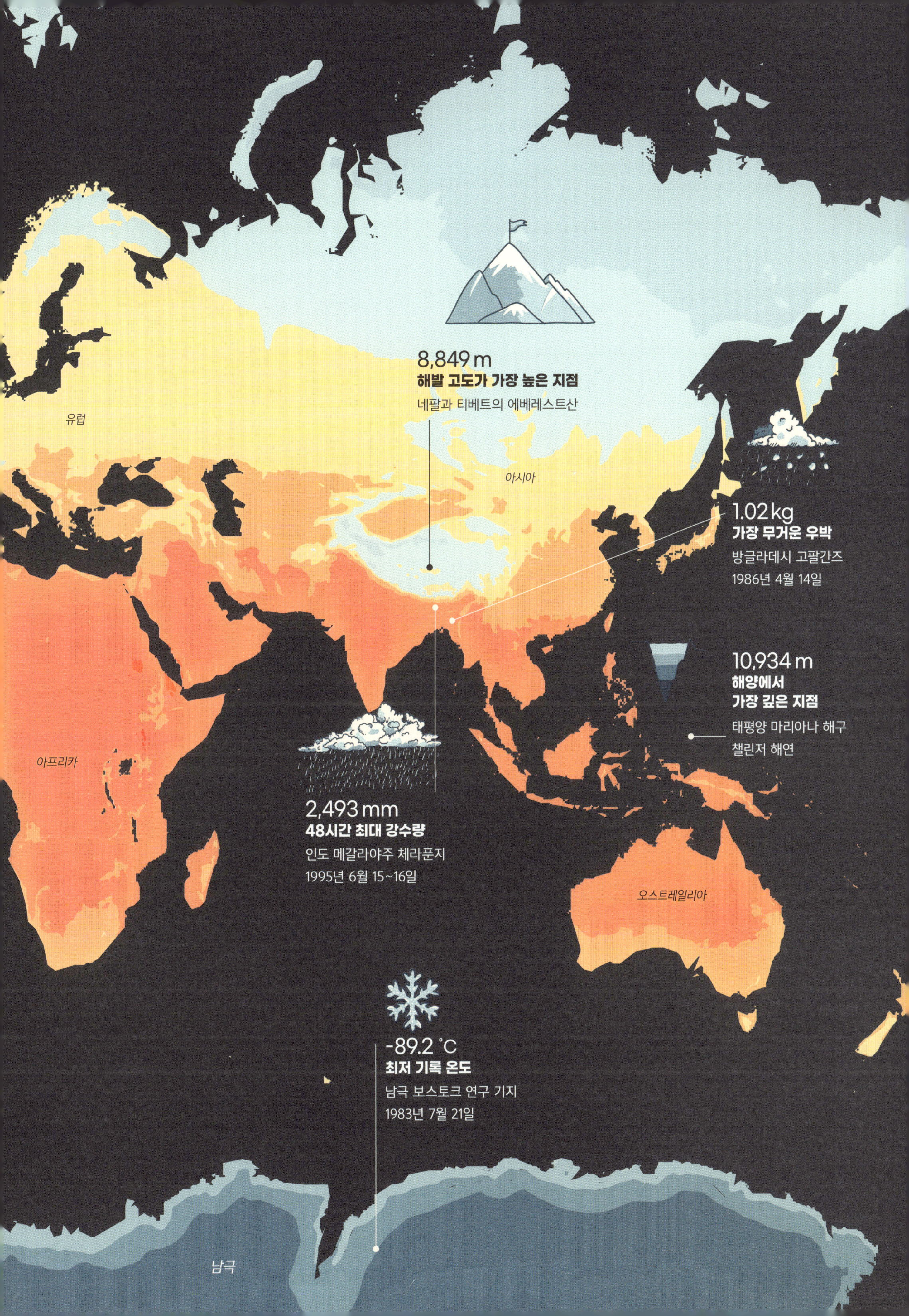
8,849 m
해발 고도가 가장 높은 지점
네팔과 티베트의 에베레스트산
유럽
아시아
1.02 kg
가장 무거운 우박
방글라데시 고팔간즈
1986년 4월 14일
10,934 m
해양에서
가장 깊은 지점
태평양 마리아나 해구
챌린저 해연
아프리카
2,493 mm
48시간 최대 강수량
인도 메갈라야주 체라푼지
1995년 6월 15~16일
오스트레일리아
-89.2 °C
최저 기록 온도
남극 보스토크 연구 기지
1983년 7월 21일
남극

1 남극 대륙은 얼음 사막으로, 연평균 강수량(주로 눈)이 150mm다.

2 사하라 사막은 모래 사막으로, 연평균 강수량이 76 mm다.

지구상에서 가장 건조한 곳

보통 사막을 떠올릴 때 모래로 뒤덮인 뜨거운 곳을 생각한다. 하지만 다른 종류의 사막도 있다. 사막은 일반적으로 연평균 강수량이 250 mm 이하인 넓은 지역으로 정의한다. 이 말은 남극도 사막이라는 뜻이다. 지구 표면의 20 % 이상이 사막으로 덮여 있다.

번개와 천둥

번개는 보통 폭풍우에서 일어나는 전기의 방전 현상이고, 천둥은 번개에서 발생하는 소리다.
빛이 소리보다 빠르기 때문에 번갯불이 보인 후에 천둥 소리가 들린다.

번개가 세운 기록들

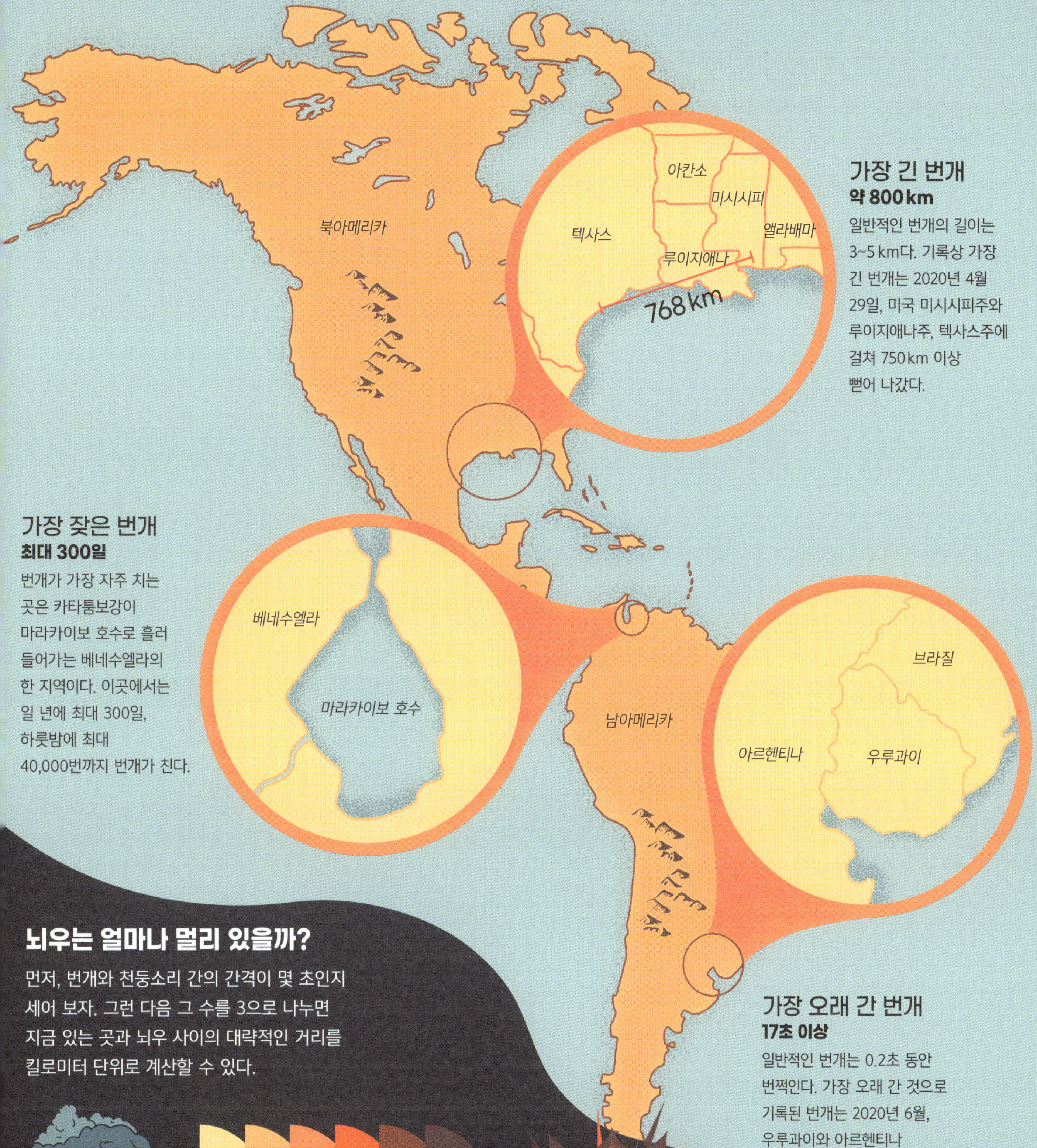

가장 긴 번개

약 800 km

일반적인 번개의 길이는 3~5 km다. 기록상 가장 긴 번개는 2020년 4월 29일, 미국 미시시피주와 루이지애나주, 텍사스주에 걸쳐 750 km 이상 뻗어 나갔다.

가장 잦은 번개

최대 300일

번개가 가장 자주 치는 곳은 카타툼보강이 마라카이보 호수로 흘러 들어가는 베네수엘라의 한 지역이다. 이곳에서는 일 년에 최대 300일, 하룻밤에 최대 40,000번까지 번개가 친다.

가장 오래 간 번개

17초 이상

일반적인 번개는 0.2초 동안 번쩍인다. 가장 오래 간 것으로 기록된 번개는 2020년 6월, 우루과이와 아르헨티나 일부 지역에서 17초 이상 지속되었다.

뇌우는 얼마나 멀리 있을까?

먼저, 번개와 천둥소리 간의 간격이 몇 초인지 세어 보자. 그런 다음 그 수를 3으로 나누면 지금 있는 곳과 뇌우 사이의 대략적인 거리를 킬로미터 단위로 계산할 수 있다.

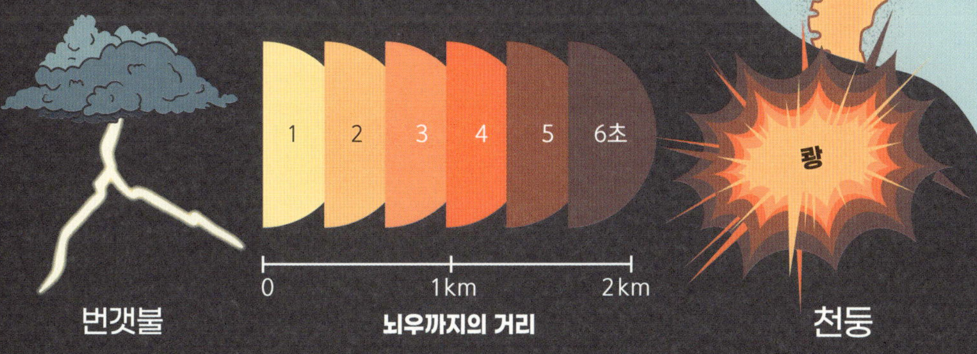

눈에 보이는 바람

바람은 기압 차에 의해 발생하는, 소용돌이치는 공기 덩어리다. 공기는 고기압 지역에서 무겁고, 저기압 지역에서 가볍다. 공기가 고기압 지역에서 저기압 지역으로 지나는 것이 바람이다.
이런 바람의 움직임이 이 지도에 보이는 물결 무늬를 만들어 낸다.
이 지도는 허리케인이 여러 번 발생한 2017년 9월, 바람이 몹시 심한 날의 스냅 사진이다.
이 지도에서 볼 수 있듯이 허리케인은 바다 위에서 강해지고 육지 위에서 약해진다.

카메론 베카리오가 제작한 지도

바람은 바다 위에서 더 세게 분다. 공기가 매끄러운 수면 위에서 더 쉽게 움직일 수 있기 때문이다. 육지에서는 산 등의 지형 때문에 바람의 흐름이 방해를 받는다.

폭풍 이름 짓기

각 폭풍의 이름은 세계기상기구에서 정하며, 목록에 있는 이름을 순서대로 돌아가며 쓴다. 숫자 대신 이름을 사용하면 폭풍을 더 쉽게 기억할 수 있다. 미디어나 기상 기구에서 폭풍에 관한 보고서를 작성하여 사람들이 대비하기도 훨씬 수월하다.

쓰나미라는 단어는 항구나 항만을 뜻하는 일본어 '쓰'와 파도를 뜻하는 일본어 '나미'에서 왔다.

쓰나미

쓰나미는 해저 지진이나 산사태, 화산 폭발, 드물게는 거대한 유성 충돌로 발생하는 일련의 큰 파도를 말한다. 쓰나미 파도는 길이가 1,000 km까지 이를 수 있고, 대양을 가로질러 수천 킬로미터를 이동할 수 있다. 이 거대한 파도가 해안에 도달하면 막대한 파괴와 인명 손실을 초래할 수 있다.

쓰나미는 어떻게 생길까?

지진 등 갑작스런 바다 밑 지각 변동으로 인해 파도가 멀리 퍼져 나간다. 파도가 가까이 오면 물 밑 땅에 부딪치게 되고, 이 때문에 파도가 해수면 위로 높이 솟아오르게 된다.

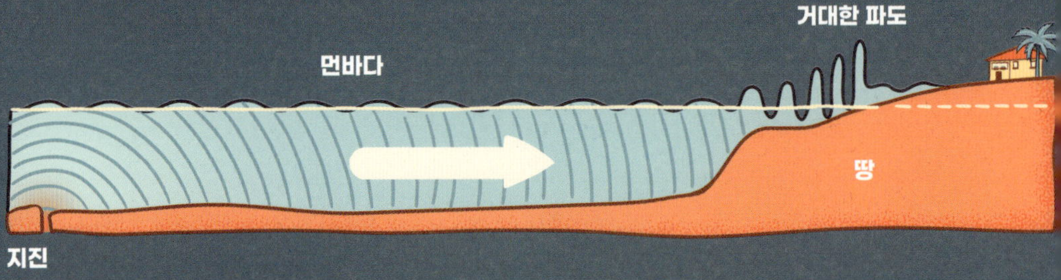

공룡을 죽인 쓰나미

6,600만 년 전, 공룡을 멸종시킨 소행성이 지구로 떨어질 때 거대한 쓰나미를 일으켰다. 과학자들은 이 거대한 파도의 높이가 1,500 m였을 것으로 추산한다. 이는 세계에서 가장 높은 건물인 부르즈 할리파의 거의 두 배 높이다. 이 파도를 오른쪽에 있는 파도들과 같은 비율로 그린다면 페이지 높이를 넘어설 것이다.

지난 200년 동안 발생한 큰 쓰나미

파도의 크기보다는 쓰나미가 덮치는 지역에 따라 쓰나미가 입히는 피해의 규모가 달라진다. 비율에 맞춰 그린 아래 다섯 개의 파도를 보면 이를 확실히 알 수 있다.

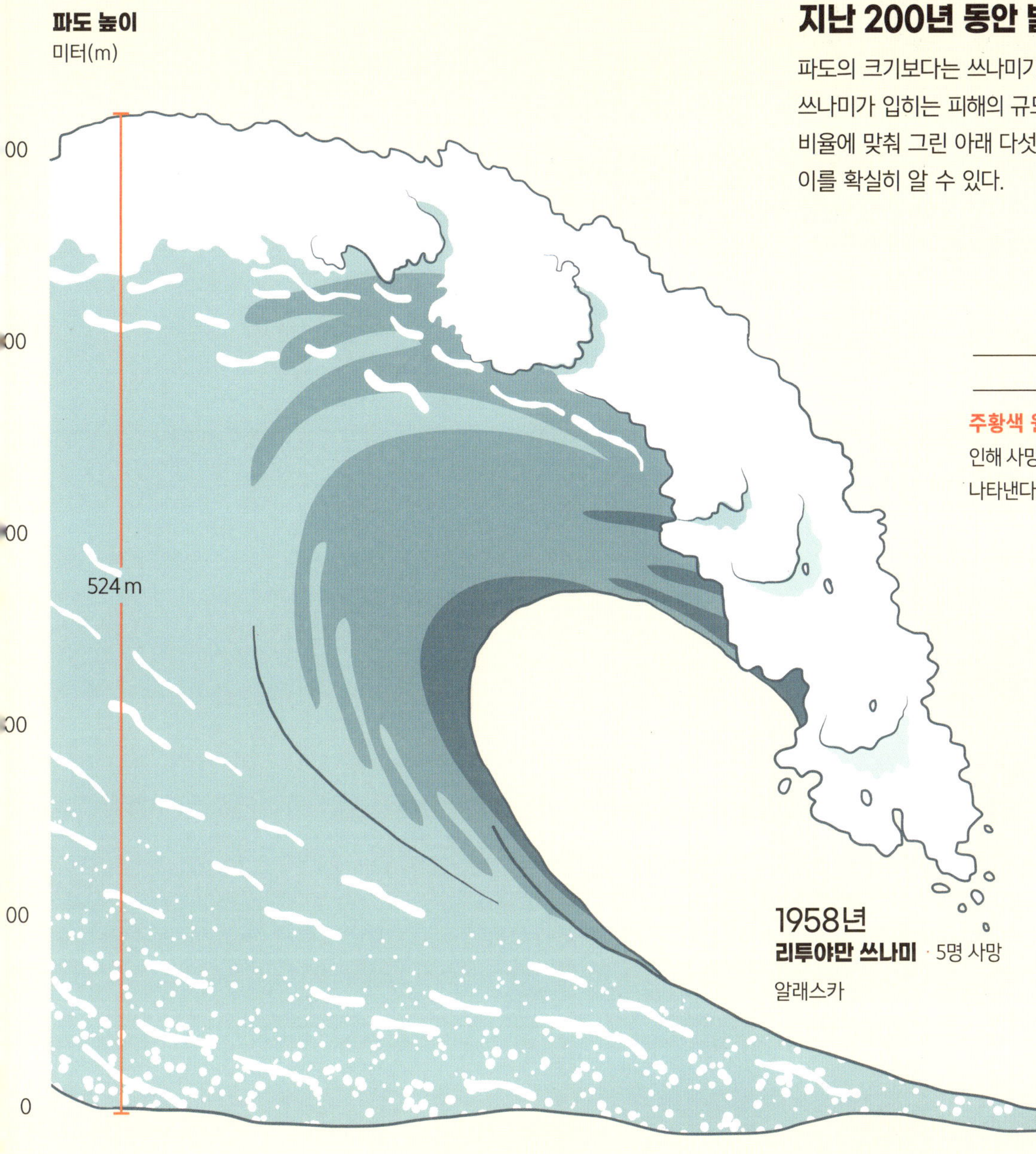

그림 보는 방법

주황색 원의 크기는 각 쓰나미로 인해 사망한 추정 사망자 수를 나타낸다.

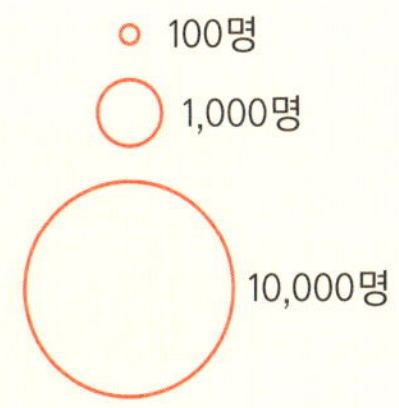

1883년
크라카타우 쓰나미
인도네시아

1960년
발디비아 쓰나미
칠레

2011년
도호쿠 쓰나미
일본

2004년
인도양 쓰나미
남아시아와
동남아시아의 14개국

지구에서 가장 높은 꼭대기

지구에서 가장 높은 꼭대기는 네팔과 티베트의 히말라야산맥에 있는 에베레스트산 정상이다. 약 9,000 m 높이로 제트기가 나는 높이에 가깝다. 이 인포그래픽에서는 지구에서 가장 높은 자연 지형과 인간이 만든 구조물, 그리고 생물을 비교할 수 있다.

138 m
대피라미드
기자에 있는 대피라미드는 이집트 파라오를 위해 지은 왕릉으로, 가장 큰 피라미드다.

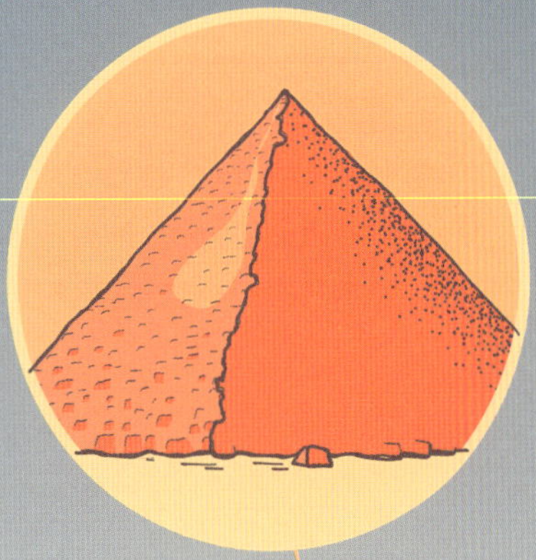

828 m
부르즈 할리파
아랍 에미리트 연합국 두바이에 있는 이 고층 건물은 세계에서 가장 높은 건물이다.

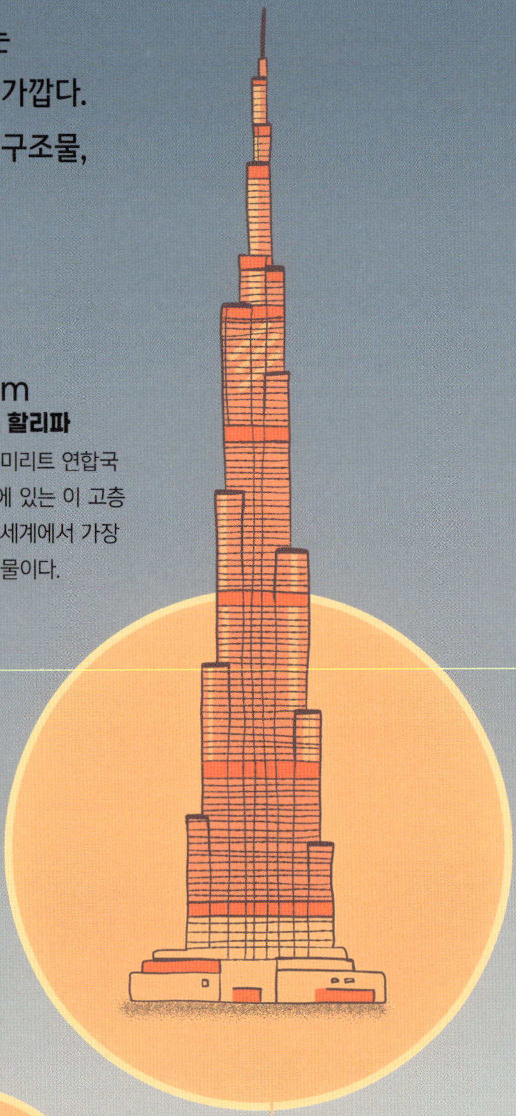

324 m
에펠 탑
1889년 귀스타브 에펠이 만국 박람회를 위해 지은 프랑스 파리의 에펠 탑은 1889년부터 1929년까지 40년 동안 세계에서 가장 높은 건물이었다.

116 m
'하이페리온' 삼나무
살아 있는 나무 중 가장 키가 큰 나무이다.

17 m
사우로포세이돈
가장 키 큰 공룡으로 알려져 있다.

5.5 m
기린
가장 키 큰 육상 포유동물이다.

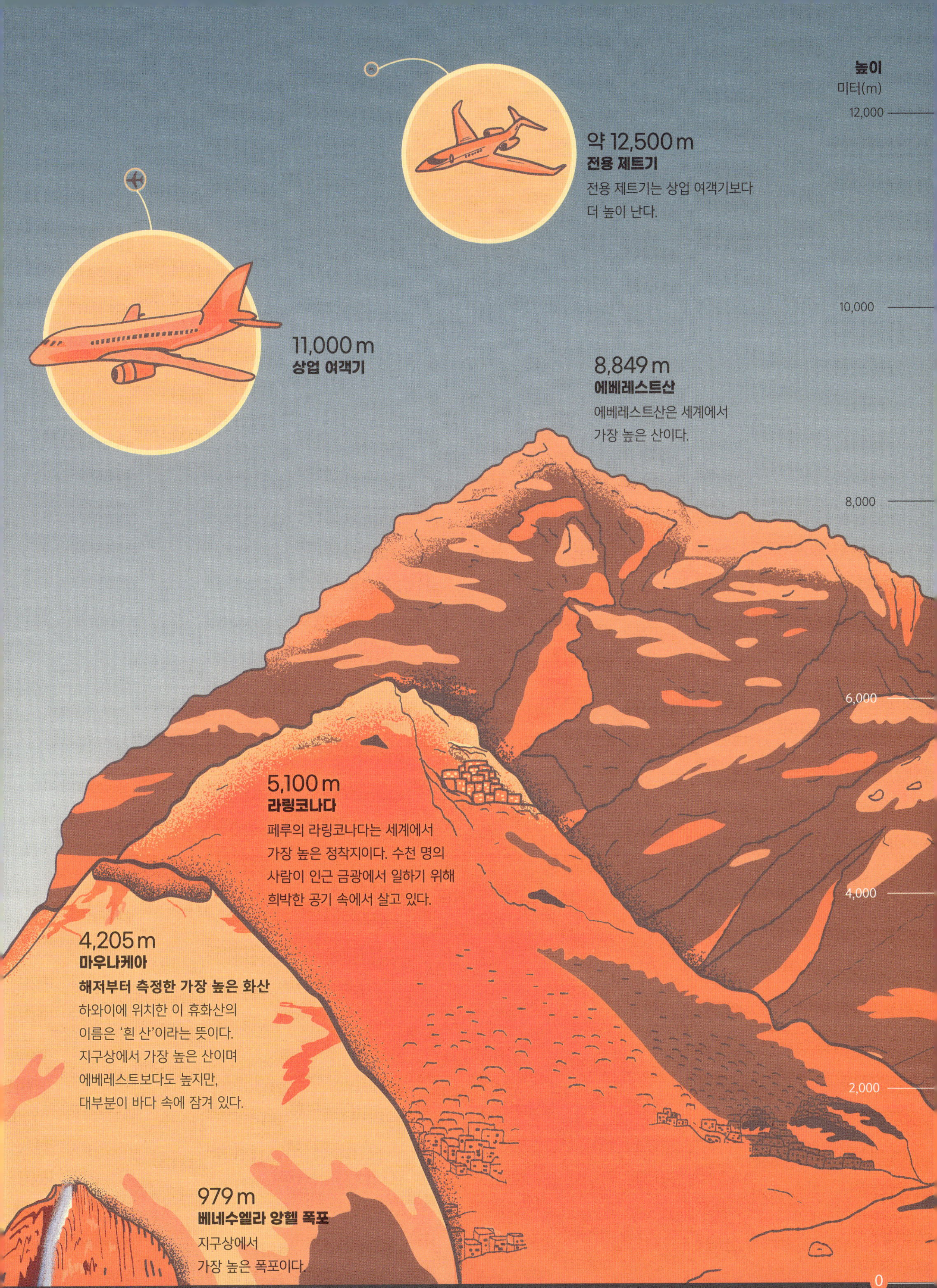
높이
미터(m)
12,000
10,000
8,000
6,000
4,000
2,000
0
약 12,500 m
전용 제트기
전용 제트기는 상업 여객기보다
더 높이 난다.
11,000 m
상업 여객기
8,849 m
에베레스트산
에베레스트산은 세계에서
가장 높은 산이다.
5,100 m
라링코나다
페루의 라링코나다는 세계에서
가장 높은 정착지이다. 수천 명의
사람이 인근 금광에서 일하기 위해
희박한 공기 속에서 살고 있다.
4,205 m
마우나케아
해저부터 측정한 가장 높은 화산
하와이에 위치한 이 휴화산의
이름은 '흰 산'이라는 뜻이다.
지구상에서 가장 높은 산이며
에베레스트보다도 높지만,
대부분이 바다 속에 잠겨 있다.
979 m
베네수엘라 앙헬 폭포
지구상에서
가장 높은 폭포이다.

에베레스트산 등반에 성공한 사람 수(연도별)

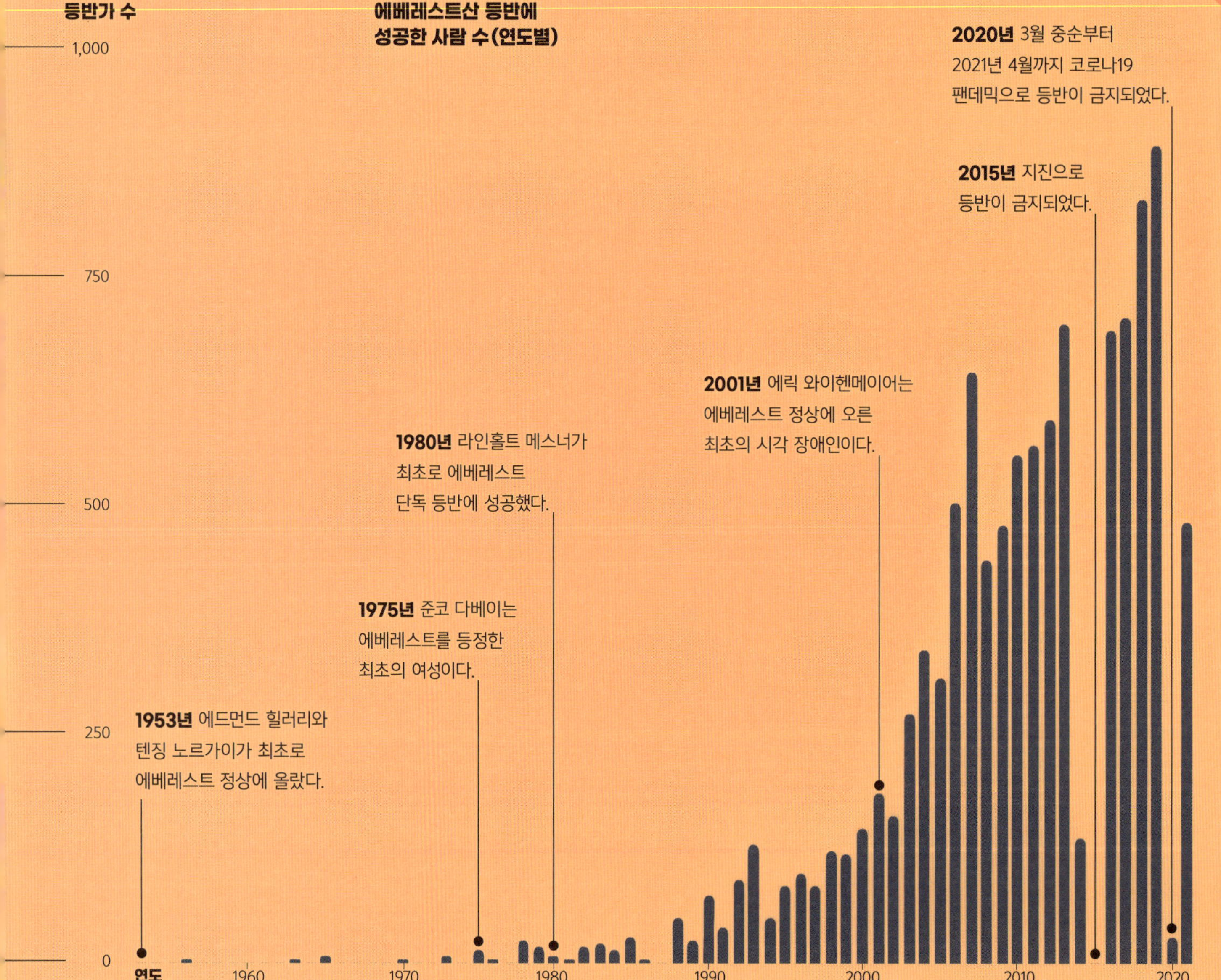

에베레스트산

에베레스트산은 남아시아 산계인 히말라야에서 가장 높은 산이다. 히말라야 산계는 4,000만 년 전에서 5,000만 년 전 사이에 지구의 두 지각판인 인도-오스트레일리아판과 유라시아판이 충돌하면서 만들어졌다. 히말라야는 고대 산스크리트어로 '눈이 사는 곳'이라는 뜻이다.

석유 시추

석유는 지표면 아래 묻혀 있으며, 인간은 땅이나 해저를 뚫어 연료와 기타 공업용으로 쓸 석유를 채취한다. 부유식 굴착 장치로 시추하는, 세계에서 가장 깊은 유정은 멕시코만에 위치해 있다.

수심
미터(m)

0

-900 m
대왕오징어

-1,800 m
고래상어

-2,000

스쿠버 다이버가 세운 세계 최고 잠수 깊이는 수심 322 m야!

-3,840 m
타이타닉 난파선

-4,000

-6,000

깊은 바닷속

과학자들은 깊이에 따라 바다를 여러 층 또는 구역으로 나눈다. 지구 표면으로부터 가장 깊은 곳은 태평양의 마리아나 해구이다. 마리아나 해구의 밑바닥은 해수면 위로 솟은 에베레스트산 정상 높이보다 해수면 아래로 훨씬 더 깊은 곳에 있다. 깊은 바닷속에서는 몇 가지 놀라운 사실을 발견할 수 있다.

호화 여객선인 RMS 타이타닉은 1912년 4월 15일 캐나다 뉴펀들랜드 해안에서 740 km 떨어진 북대서양에서 빙산과 충돌한 후 침몰했다. 이 난파선은 1985년에 발견됐다.

-8,000

-10,000

-10,685 m
석유

HMS
챌린저호

HMS
챌린저 2호

HMS 챌린저호는 1872년부터 1876년까지, 3년 반 동안 세계 일주 항해를 하면서 수천 종의 새로운 해양 생물에 학명을 붙였다. 배에 탄 과학자들은 납추와 과학 기기를 매단 긴 밧줄을 내려서 해저의 깊이를 측정하고 판독했다.

HMS 챌린저 2호에 승선한 과학자들은 바다에서 가장 깊다고 알려진 마리아나 해구를 1951년에 발견했다. 이들은 음파 수심 측정기를 이용해 해구의 깊이를 측정했다. 이 기기는 음파를 송신하고 해저에 반사되어 다시 배로 돌아오는 반사파를 수신한다. 과학자들은 반사파의 모양과 주파수로 해저가 얼마나 깊은지 알 수 있다.

−1,000 m
햇빛이
도달할 수
있는 깊이

유광층

음파

무광층

-2,992 m
부리고래과
가장 깊이 잠수하는 포유류

심해저

-8,178 m
마리아나 꼼치
가장 깊은 곳에
사는 물고기

해구

납추

푸에르토리코
해구

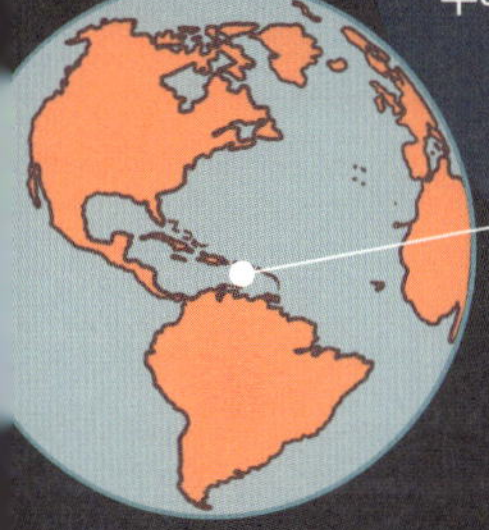

마리아나 해구

-8,376 m
푸에르토리코 해구
카리브해 푸에르토리코섬 연안에 위치한 푸에르토리코 해구는 대서양에서 가장 깊은 지점이다.

-10,934 m
마리아나 해구
서태평양에 위치한 마리아나 해구는 지구 지각에 초승달 모양으로 깊게 팬 자국이다. 길이는 2,550 km가 넘고, 너비는 69 km다. 가장 깊은 지점을 챌린저 해연이라고 한다.

-10,925 m
유인 잠수정으로 갔다 온 최고 깊이
2019년 4월 28일, 빅터 베스코보가 잠수정 '리미팅 팩터'를 타고 마리아나 해구로 11,000 m 가까이 내려갔다.

이 책에 도움을 준 전문가

크리스토퍼 잭슨 교수와의 인터뷰

지구 과학자

언제부터 지구 과학을 공부하고 싶었나요?

지구 과학이 매력적일 뿐 아니라 매우 중요하다는 사실을 서서히 깨닫게 되었어요. 지구의 암석에는 우리 행성의 과거와 기후 변화에 대한 단서가 담겨 있죠. 암석을 연구하면 오늘날의 기후 변화를 이해하는 데 도움이 될 거예요.

지구에 관한 사실 중에서 가장 흥미로운 것은 무엇인가요?

지구가 완벽한 구 모양이 아니라는 것이죠. 양극 쪽이 약간 납작하거든요.

앞으로 어떤 흥미로운 발견을 기대하고 있나요?

지질학 지식과 공학 기술, 사회 정의에 대한 믿음이 하나로 합쳐져서 기후 위기에 대처할 수 있기를 바라요. 그리고 안전하고 저렴하며 신뢰할 수 있는 에너지를 모두에게 제공할 수 있기를 진심으로 바라고 있어요.

일을 할 때 가장 좋은 점은 무엇인가요?

지구 과학 지식을 활용하여 핵폐기물과 이산화탄소 등의 유해 물질을 지구 깊은 곳에 영구적으로 저장하는 방법을 연구한다는 점이요. 그리고 지열과 수소 등의 유용한 자원을 저장하고 회수하는 방법을 연구한다는 점이 가장 보람 있고 좋아요.

마무리 퀴즈

앞의 내용을 참고하여 퀴즈를 풀어 보자. (정답: 56쪽)

1. 지구 표면의 몇 퍼센트가 물로 덮여 있을까?

2. 이 책의 몇 쪽에서 삶은 달걀을 찾을 수 있을까?

3. 지구 대기의 어느 층에서 이런 인공위성을 찾을 수 있을까?

4. 지구상에서 가장 추운 곳으로 기록된 곳은 어느 대륙에 있을까?

5. 어떤 유형의 구름일까?

6. 모스 굳기계에서 금강석은 몇 점일까?

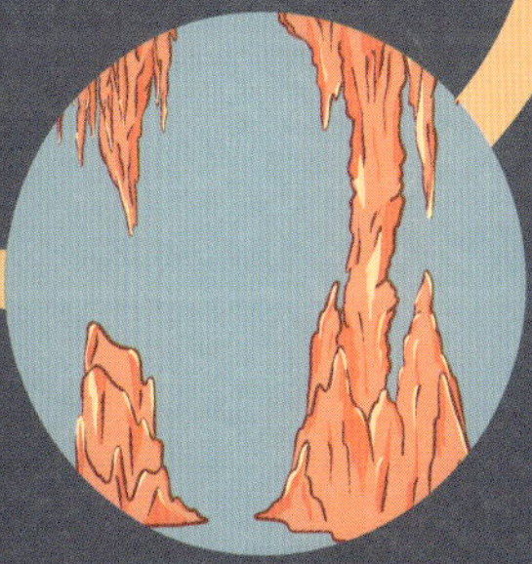

7. 종유석은 위를 향해 자랄까 아래를 향해 자랄까?

8. 깊은 곳에 사는 이 물고기의 이름은 무엇일까?

낱말 풀이

가열하다
어떤 물질에 열을 가하다.

건선거
선박의 수리나 청소를 위해 만든 구조물. 큰 배를 만들거나 수리할 때 해안에 배가 출입할 수 있을 정도로 땅을 파서 만든 구조로, 여기에 배를 넣고 입구의 문을 닫아 내부의 물을 뺀 다음 작업을 한다.

고도
평균 해수면을 0으로 하여 측정한 대상 물체의 높이.

광물질
광물로 된 물질 또는 광물성의 물질. 대부분은 결정체 상태의 무기질이나 석탄 같은 유기질도 있다. 상온에서 고체이나 수은처럼 액체이거나 가스처럼 기체인 것도 있다.

기상 이변
급격한 기후 변화로 인해 생기는 현상. 지난 30년간의 기상과는 아주 다른 기상 현상을 말한다. 예를 들어 뜨거운 열대 지방에 눈이 내리거나 비가 내리지 않았던 곳에 갑자기 많은 비가 쏟아지는 현상이다.

남세균
엽록소를 가지고 광합성을 하는 세균. 세균 중 유일하게 산소를 발생하는 광합성 세균이다.

뇌우
천둥과 번개를 동반한 비.

담수
강이나 호수와 같이 염분이 없는 물.

만년설
아주 추운 지방이나 높은 산지에 언제나 녹지 아니하고 쌓여 있는 눈.

메탄가스
무색무취의 가연성 기체. 물에 녹지 않으며 불을 붙이면 파란 불꽃을 내면서 탄다.

발원지
흐르는 물줄기가 처음 시작한 곳.

별똥별
빛을 내며 타는 유성.

분출
액체나 기체 상태의 물질이 솟구쳐서 뿜어져 나옴.

분화
마그마와 화산 가스가 지구 내부에서 표면으로 방출됨. 비교적 단시간 내에, 급격하게 지표로 방출되는 현상.

빙붕
남극 대륙과 이어져 바다에 떠 있는 거대한 얼음덩어리.

빙산
대륙을 넓게 덮고 있는 얼음덩어리.

순환
주기적으로 되풀이하여 돎.

승선하다
배를 타다.

원석
가공하지 아니한 보석. 아직 제련하지 아니한, 파낸 그대로의 광석.

원자
화학 반응을 통해 더 이상 쪼갤 수 없는 가장 작은 단위. 물질을 구성하는 기본 입자.

유량
흐르는 물이 단위 시간 동안에 흐르는 양.

유빙
물 위에 떠내려가는 얼음덩이.

응축되다
기체가 액체로 변하게 되다.

적도
지구를 남반구와 북반구로 나누는 위도 0도 선.

적설량
땅 위에 쌓여 있는 눈의 양.

정착지
사람들이 일정한 곳에 자리를 잡아 머물러 사는 땅.

증발
어떤 물질이 액체 상태에서 기체 상태로 변함. 또는 그런 현상.

지질학자
지구와 그 주위의 지구형 행성을 연구하는 사람. 지구의 구성 물질, 형성 과정, 과거에 살았던 생물 따위를 연구한다.

지형
땅의 생긴 모양이나 형세.

초토화하다
불에 탄 것처럼 황폐해지고 못 쓰게 만들다.

하구
강물이 바다로 흘러가는 어귀.

해구
바다가 뭍의 후미진 곳으로 들어간 어귀.

해저
바다의 밑바닥.

협곡
하천의 하부가 심하게 깎여 생기는 좁고 깊은 골짜기.

휴화산
옛날에는 분화하였으나 지금은 분화를 멈춘 화산.

찾아보기

자료 출처

지구를 소개합니다 6~7쪽

'How much water is there on Earth?', usgs.gov; 'Introduction to the oceans', physicalgeography.net; 'Earth fact sheet', nssdc.gsfc.nasa.gov/; 'International Commission on Stratigraphy', stratigraphy.org; 'The pregeologic period', britannica.com; [Surface areas of continents and planets from britannica.com. Note that percentages for each individual continent are rounded here to the nearest whole number, meaning that in the detail of the infographic, they add up to 30% instead of 29%.]

지구 안에는 무엇이 들어 있을까? 8~9쪽

'Inside the Earth', pubs.usgs.gov; 'The Earth's structure', gsi.ie; 'Development of Earth's structure and composition', britannica.com; 'Earth's interior', nationalgeographic.org; 'Evaluation of different egg quality traits and interpretation of their mode of inheritance in White Leghorns', Kumar Rath et al., 2015, ncbi.nlm.nih.gov [Data about egg]

화산 폭발 10~11쪽

'Volcano hazards program', volcanoes.usgs.gov; 'Volcanic Explosivity Index', nps.gov; 'Mount Tambora', britannica.com; 'Kīlauea', volcano.si.edu; 'Six types of eruptions', britannica.com

불의 고리 12~13쪽

Volcanic eruptions plotted by Addy Pope and his colleagues at ESRI, esri.com; 'Global volcanism project', Smithsonian Institution, volcano.si.edu; 'Monitoring volcanoes', nps.gov/articles; 'Ten thousand years of volcanic eruptions', mediaspace.esri.com

암석 알아보기 14~15쪽

'Igneous rock, geology', britannica.com; 'Metamorphic rock, geology', britannica.com; 'Sedimentary rock, geology', britannica.com

광물을 측정하는 방법 16~17쪽

'Mineral ID hardness', pinalgeologymuseum.org; 'The Mohs scale of hardness for metals: why it is important', jewelrynotes.com; 'Mohs hardness, mineralogy', britannica.com

물은 다 어디에 있을까? 18~19쪽

'How much water is there on Earth?', usgs.gov; 'Hydrosphere', britannica.com

바로 앞에 빙산이 있다 20~21쪽

'End of the iceberg life cycle', earthobservatory.nasa.gov; 'Iceberg size and shape', britannica.com; 'Icebergs', terrain.org; 'Whale tales', education.nationalgeographic.org [Data for whale measurement]; 'Antarctica', britannica.com

가장 긴 강 22~23쪽

'Distribution of rivers in nature', britannica.com; 'Largest rivers by discharge in the world', rlist.io; 'Nile River', britannica.com [see also data on other featured rivers on britannica.com]; 'Parana', geol.lsu.edu; 'Waterfalls', britannica.com

깊은 동굴 24~25쪽

'World's longest caves', caverbob.com; Caves by David Shaw Gillieson (Wiley, 2021); 'Mammoth cave', nps.gov; 'Transcaucasia', britannica.com

종유석과 석순 26~27쪽

'Stalactite and stalagmite, mineral formation', britannica.com

하늘 저 너머 28~29쪽

'Troposphere, atmospheric region', britannica.com; 'Stratosphere, atmospheric region', britannica.com; 'Layers of the atmosphere', weather.gov; 'Earth's atmosphere: a multi-layered cake', climate.nasa.gov [Note that sources vary on the upper range of the exosphere.]; 'Highest freefall parachute jump (official FAI)', guinnessworldrecords.com

눈부신 오로라 30~31쪽

'Aurora, atmospheric phenomenon', britannica.com

구름 낀 하늘 32~33쪽

'Clouds', metoffice.gov.uk; The Cloudspotter's Guide by Gavin Pretor-Pinney (Sceptre, 2007); 'Cloud, meteorology', britannica.com

극한의 지구 34~35쪽

Surface temperatures are from 1981-2010, ERA5 dataset from Copernicus Climate Change Service Information [2020], arcgis.com; 'What is the highest point on Earth as measured from Earth's center?', oceanservice.noaa.gov [Note that the height level given for Mount Chimborazo on the infographic is the measurement above sea level, as no specific data is available about the distance from the centre of Earth. Chimborazo is the highest point above sea level as it is on the highest part of Earth's bulged shape.]; 'How deep is the ocean?', oceanservice.noaa.gov; 'World Meteorological Organization global weather and climate extremes archive', wmo.asu.edu; 'Snowfall statistics', mtbaker.us

지구상에서 가장 건조한 곳 36~37쪽

'Antarctica', britannica.com; 'Sahara Desert, Africa', britannica.com; 'Facts about the Sahara Desert', globaladventurechallenges.com; 'WMO verifies one temperature record for Antarctic continent and rejects another', public.wmo.int

번개와 천둥 38~39쪽

'WMO certifies two megaflash lightning records', public.wmo.int; 'A global LIS/OTD climatology of lightning flash extent density', Peterson et al., 2021, agupubs.onlinelibrary.wiley.com; 'Lightning facts and information', nationalgeographic.com; 'Lightning, meteorology', britannica.com; '10 striking facts about lightning', metoffice.gov.uk

눈에 보이는 바람 40~41쪽

'Wind, meteorology', britannica.com; Map created by Cameron Beccario, earth.nullschool.net

쓰나미 42~43쪽

'Notable tsunamis', britannica.com; 'JetStream Max: Tsunamis vs. Wind Waves', weather.gov; 'Dinosaur-killing asteroid triggered mile-high tsunami that spread through Earth's oceans', livescience.com; 'Tsunami event information', ngdc.noaa.gov; 'M 9.5 - 1960 Great Chilean earthquake (Valdivia Earthquake)', earthquake.usgs.gov; 'Ten years after the tsunami', earthobservatory.nasa.gov; 'Tsunami wave run-ups: Indian Ocean - 2004', sos.noaa.gov

지구에서 가장 높은 꼭대기 44~45쪽

'Giraffes', ifaw.org; 'What was the biggest dinosaur? How scientists determine giant prehistoric record-breakers', guinnessworldrecords.com; 'Sauroposeidon', prehistoric-wildlife.com; 'The tallest tree in the world', monumentaltrees.com; 'Pyramids of Giza', britannica.com; 'Eiffel Tower information', toureiffel.paris; 'Burj Khalifa', britannica.com; 'Airplane height', pilotinstitute.com; 'What height (altitude) do private jets fly at?', privatefly.com; 'Mount Everest', britannica.com; 'The highest settlement in the world', earthobservatory.nasa.gov; 'How big are the Hawaiian volcanoes?', usgs.gov; 'Angel Falls, waterfall, Venezuela', britannica.com

에베레스트산 46~47쪽

'How tall will Mount Everest get before it stops growing?', bbc.com; 'Mount Everest', britannica.com; 'The Himalayan database', himalayandatabase.com; 'Mount Everest to reopen for first climbers post-pandemic', cnn.com

깊은 바닷속 48~49쪽

'Giant squid', britannica.com; 'Deepest diving whale sharks', livescience.com; 'The truth about the world's deepest oil well', oilprice.com; 'Mariana trench', britannica.com; 'Deepest fish ever recorded — documented at depths of 8,178 m in Mariana Trench', jamstec.go.jp; 'Titanic', britannica.com; 'Deepest descent in the sea by a manned vessel', guinnessworldrecords.com; 'Challenger expedition, oceanography', britannica.com

사진과 이미지 출처

(t = top, l = left, r = right, c = centre, b = bottom)
p.8 iStock/Nerthuz; **pp.14~15**t ehrlif/iStockphoto; **pp.14~15**c Konoplytska/iStockphoto; **pp.14~15**b Baloncici/Dreamstime; **pp.26~27** David Kalisinski Photography/iStockphoto; **pp.30~31** Kamil Nureev/EyeEm/Getty Images; **p.36** Edwardje/Dreamstime; **p.37** Oleg Seleznev/Dreamstime; **p.40~41** Cameron Beccario (https://earth.nullschool.net); **pp.46~47** Daniel Prudek/Alamy; **p.50** Courtesy of Professor Christopher Jackson.

마무리 퀴즈 정답

1. 71% **2.** 9쪽 **3.** 외기권 **4.** 남극 대륙 **5.** 권운
6. 10점 **7.** 아래 **8.** 마리아나 꼼치

발렌티나 데필리포(Valentina D'Efilippo)는 유명한 디자이너이자 일러스트레이터로,
디자인과 데이터 아트 등 다양한 분야에서 많은 상을 받았습니다.
2021년에 인포그래픽에 대한 테드엑스(Tedx) 강연을 열고, 가디언지(The Guardian)와 함께
인포그래픽을 활용한 시각적 스토리텔링을 주제로 워크숍을 기획·개최했습니다.
《브리태니커 인포그래픽 백과》는 발렌티나의 첫 번째 어린이책이며,
이전에 공동 저자로 참여한 《인포그래픽 세계사》는 11개의 언어로 번역되어 판매되었습니다.

앤드루 페티(Andrew Pettie)는 작가, 편집자이자 저널리스트로,
영국의 타임스(The Times), 선데이 타임스(The Sunday Times), 데일리 텔레그래프(Daily Telegraph) 등에
많은 칼럼을 기고하였습니다. 현재 〈Britannica Magazine〉에서 기획 및 편집을 담당하고 있습니다.
펴낸 책으로는 브리태니커(Britannica Books)에서 출판한 《Listified》 등이 있습니다.

콘래드 퀼티-하퍼(Conrad Quilty-Harper)는 영국 런던의 블룸버그 뉴스의 기자로,
그 전에는 GQ 매거진(British GQ), 데일리 미러(Daily Mirror), 데일리 텔레그래프(Daily Telegraph) 등에서
기자로 활발히 활동하였습니다. 기사와 칼럼을 작성할 때 데이터와 인포그래픽을 즐겨 사용하며,
그중에서도 데이터의 흐름을 시각화하여 보여 주는 생키 다이어그램(Sankey Diagram)을 가장 좋아합니다.

크리스토퍼 잭슨(Christopher Jackson) 교수는 지질학자이자 임페리얼 칼리지 런던의 교수입니다.
아르헨티나 안데스산맥, 보르네오 열대 우림, 이집트 시나이 사막에서 지질학적 현장 연구를 수행했습니다.
2020년에는 왕립 연구소 크리스마스 강연을 진행하기도 했습니다.

BRITANNICA
BOOKS

브리태니커 인포그래픽 백과
하늘과 땅 그리고 바다

2024년 3월 15일 인쇄 | 2024년 3월 20일 펴냄
인포그래픽 발렌티나 데필리포 | **글** 앤드루 페티, 콘래드 퀼티-하퍼 | **옮김** 서울셀렉션
펴낸이 안은자 | **기획·편집·디자인** 기탄교육연구소
펴낸곳 (주)기탄출판 | **등록** 제2017-000114호
주소 06698 서울특별시 서초구 효령로 40 기탄출판센터
전화 (02)586-1007 | **팩스** (02)586-2337 | **홈페이지** www.gitan.co.kr
ISBN 979-11-6646-304-4, 979-11-6646-302-0(세트)

※ 잘못된 책은 구입처에서 교환해 드립니다.
▲책 모서리에 다칠 수 있으니 주의하시기 바랍니다. 부주의로 인한 사고의 경우 책임을 지지 않습니다.

Britannica's ENCYCLOPEDIA INFOGRAPHICA_Land, Sea, Sky

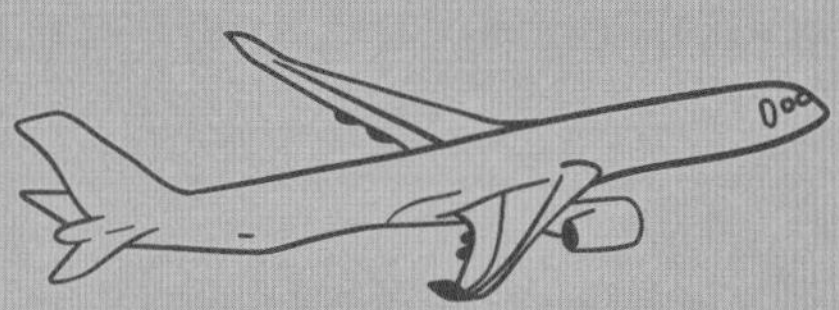